유필화와 헤르만 지몬의
경영담론

유필화와
헤르만 지몬의
경영담론

초판 1쇄 인쇄 | 2010년 6월 25일
초판 4쇄 발행 | 2018년 11월 5일

지은이 | 유필화·헤르만 지몬
발행인 | 황인욱
발행처 | 도서출판 오래

디자인 | 피앤피디자인(www.ibook4u.co.kr)
주　소 | 서울특별시 마포구 토정로 222 한국출판콘텐츠센터 406호
이메일 | orebook@naver.com
전　화 | (02)797-8786~7, 070-4109-9966
팩　스 | (02)797-9911
홈페이지 | www.orebook.com
출판신고번호 | 제2016-000355호

ISBN 978-89-964231-5-7 (03320)

유필화와
헤르만 지몬의
경영담론

유필화 • 헤르만 지몬 지음

MANAGEMENT

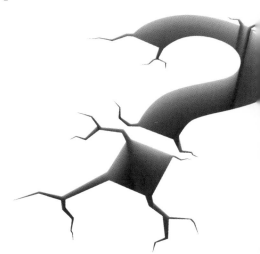

川 오 래

기업경영의 세계는 참으로 변화가 많고 또 (변화가) 빠르다. 또한 기업 안팎에 있는 국내외의 고객들, 주주, 직원, 정부, 금융기관, 경쟁사 등 이른바 이해관계자들(stakeholders)과의 관계는 더욱 복잡하게 얽혀가고 있다. 예를 들어, 많은 기업들이 시장에서 경쟁사와 부딪치기도 하지만 상황에 따라서는 경쟁사와 긴밀히 협조해야 하는 경우도 적지 않다.*

삼성전자는 휴대폰시장에서 노키아 및 애플과 경쟁하지만, 이 두 회사는 삼성전자가 만드는 부품을 많이 구입하는 삼성의 큰 고객이기도 하다. 이렇게 빠른 변화와 복잡한 상호관계로 특징지을 수 있는 현대 기업경영의 세계를 한눈에 꿰뚫어보기는 경영학자에게나

---

* 베리 네일버프(Barry Nalebuff)와 아담 브란덴버거(Adam Brandenburger)는 1996년 《Co-opetition》이라는 제목의 책을 내기도 했다.

경영자에게나 무척 어렵다. 더구나 기업경영의 내용이 복잡해지면서 경영학자들은 자신의 좁은 전공분야를 더욱 깊이 연구해왔고, 기업에서는 회계 · 재무 · IT · 인사 · 디자인 등의 전문가들이 계속 늘어났다. 이러한 경영 또는 경영학의 전문화 경향은 앞으로 상당기간 지속될 것으로 보인다.

그러나 한편, 그러면 그럴수록 기업경영을 전체적(holistic) 또는 통합적(integrative)으로 보아야 한다는 목소리가 더욱 커지고 있다. 또 실제로 기능보다는 과정(process), 전문화보다는 통합에 점점 더 무게를 두는 것이 현대 기업경영의 추세이다. 그래서 기업의 미래 성공요인으로서의 전략, 최고경영자들이 부딪치고 있는 과제에 대한 해답을 회사 전체의 관점에서 제시할 수 있는 범기능지향적(cross-functional oriented) 마케팅에 대한 관심이 한층 더 커지고 있다.

이 책은 이러한 시대의 요구에 부응하여 두 저자가 지난 몇 년 동안 한국과 독일에서 주로 경영자들을 대상으로 쓴 경영에세이들을 모은 것이다.

이처럼 통합적인 관점에서의 전략과 마케팅에 관한 글이 대부분이지만 '인문학과 경영' 등의 특이한 토픽을 다룬 글도 들어 있다.

우리는 특히 인문학적 소양이 기업 및 경영자의 크나큰 경쟁력의 원
천이 될 수 있다고 믿는다. 그것은 창의성과 상상력, 그리고 인간에
대한 깊은 이해를 나날이 더 중시해야 하는 현대의 경영자들에게 사
람과 삶에 관한 근본적인 질문을 던지는 인문학은 무궁무진한 아이
디어의 보물창고가 될 수 있기 때문이다. 또한 사람과 삶을 총체적
으로 조감하도록 하는 인문학적 성찰이 기업경영을 통합적으로 바
라보게 하는 데 도움을 주는 것은 말할 것도 없다. 그래서 우리는 인
문학과 경영의 공통영역이 매우 넓다는 인식을 가지고 있으며, 그러
한 생각을 인문학과 경영을 다룬 세 편의 글에 담았다.

　　이렇게 이 책은 오늘날의 경영자들에게 생각의 청량제가 될 수 있
는 경영의 여러 분야 글들을 모았으므로 우리는 감히 경영담론이라
는 말을 제목에 포함시켰다. 이 보잘것없는 책이 현재 그리고 미래
의 경영자들이 한층 더 멋진 경영활동을 펼치는 데 조금이라도 도움
이 된다면 우리는 더 바랄 것이 없겠다.

　　우리들의 아내 이기향과 세실리아는 이 책을 쓰는 동안 많은 시간
을 참아주었으며, 우리의 작업을 깊은 이해심을 갖고 지켜봐주었다.

성균관대학교 SKK GSB의 정재은 조교는 많은 분량의 원고를 꼼꼼히 타이핑했으며, 도서출판 오래의 황인욱 대표와 편집을 맡은 김수정 님은 뜨거운 성원과 격려를 아끼지 않았다. 우리는 이들 모두에게 진심으로 깊은 고마움의 뜻을 표한다.

2010년 5월 10일
대한민국의 서울에서 유필화
독일연방공화국의 본에서 헤르만 지몬

차례

6장 | 위기 속의 마케팅, 마케팅의 위기

7장 | 마케팅의 기본

1장

전략을 다시 생각한다

전략이란 무엇인가?

　'전략' 이란 말은 흔히 여러 가지 다른 뜻으로 쓰인다. 이 말은 이제 일종의 유행어가 된 느낌이다. 우리는 이 장에서 전략의 핵심적인 요소들을 논의해보려고 한다. 의지, 생각, 행동이라는 세 요소를 반드시 포함해야 하는 전략은 매우 복잡하고 포괄적이라는 결론에 도달하게 된다.

　전략이란 기업이 가능한 최대의 이익을 올리면서 오랫동안 살아남기 위해 스스로의 모든 힘을 개발하고 활용하는 기술이자 과학(art and science)이다. 이 말이 현재 아주 많이 쓰이고는 있지만, 기업경영의 맥락에서 '전략' 이란 개념이 통용되기 시작한 것은 그다지 오래되지 않았다. 즉, 이 말은 1960년대부터 전문용어로 간간히 쓰이다가 1980년대에 들어서야 기업경영의 중심개념으로 자리 잡은

것이다. 그러면 전략의 핵심적인 내용은 무엇인가. 그것은 다음과
같다.

전략은 스스로가 원하는 것을 아는 것이다

의지는 기존의 경영학 문헌에서 거의 다루고 있지 않은 개념이지
만, 이것은 전략의 가장 중요한 요소이다. 왜냐하면 일상적으로 전략
을 추진하는 원동력은 분석이 아닌 어떤 개인이나 팀의 강한 의지이
기 때문이다. 의지의 힘은 회사에 활력을 불어넣는다. 회사가 어떤
지고한 목표를 세우고, 최고경영진들이 강한 의지를 가지고 그것을
달성하기 위해 최선을 다하고 있다는 사실을 모든 종업원들이 잘 알
고 있을 때 회사에는 신나는 분위기가 생긴다. 이러한 회사 분위기가
전략의 추진에 큰 힘을 더해주는 것은 말할 것도 없다.

전략은 스스로가 원하지 않는 것을 아는 것이다

이것은 앞의 것에 못지않게 중요하다. 왜냐하면 경영자는 자신이
원하지 않는 것이 무엇인지를 확실히 알아야만 쓸데없는 곳에 눈을
안 돌리고, 끊임없이 방향을 다시 잡는 일을 하지 않아도 되기 때문
이다. 마이크로소프트(Microsoft)를 설립했던 빌 게이츠(Bill Gates)는
이런 측면에서 대단히 큰 강점을 가지고 있었다. 그는 1998년에 했

던 어느 인터뷰에서 "우리는 텔레커뮤니케이션 네트워크나 텔레커뮤니케이션 회사를 인수하지 않을 것입니다. 우리는 또 시스템통합(systems integration) 분야에 들어가지 않을 것이고, 정보시스템 분야의 컨설팅사업도 하지 않을 것입니다"라고 말했다.

자신이 무엇을 원하지 않는가를 확실히 아는 사람만이 스스로가 원하는 일에 온 힘을 집중할 수 있다. 만일 BMW의 경영진이 자신들이 원한 것이 병든 조직을 되살리는 것보다 제품혁신과 마케팅에 힘을 쏟는 것이라고 알았더라면, 영국의 로버(Rover)를 인수하지 않았을 것이다. 그러면 BMW와 그 투자자들은 지금보다 몇십억 달러의 부(wealth)를 더 가졌을 것이다. 아래의 사례를 보자.

1980년대에 당시의 전형적인 화학회사 시바-가이기(Ciba-Geigy)[1]는 미국의 스펙트라피직스(Spectraphysics)라는 레이저 생산회사를 인수했다. 스펙트라피직스는 물리학에 바탕을 둔 회사였고, 이 회사의 핵심인사들은 모두 물리학자였다. 시바-가이기가 이 회사를 인수하기로 마음먹은 것은 물리 분야의 예상성장률이 화학에 비해 높기 때문이었다. 시바의 전략은 꽤 그럴싸해 보였다. 그러나 화학과 물리는 문화면에서 처음부터 서로 맞지 않았다. 몇 년 후 시바는 스펙트라피직스를 되팔고 말았다. 그런데 시바가 인수했던 메틀러톨레도(Mettler Toledo), 그레탁(Gretag), 일포드(Ilford) 등의 다

---

1) 시바-가이기는 1996년 산도츠(Sandoz)와 합병하여 노바르티스(Novartis)라는 새 회사가 되었다.

른 회사하고도 비슷한 일이 일어났다. 당시 시바의 최고경영진 중 한 사람은 그 까닭을 다음과 같이 밝혔다.

"전략 자체는 옳았으며 의미가 있었습니다. 우리는 성장해가는 회사들을 인수했던 것입니다. 그러나 우리의 마음은 여전히 화학자였습니다. 우리는 화학사업을 잘 알았고, 그것에 애정을 가지고 있었습니다. 그러나 물리와 전자는 우리에게 생소하기만 했습니다. 그래서 우리는 연구개발예산을 확정하거나 투자결정을 할 때 마음이 불안했습니다. 한마디로 말해 우리는 마음속으로 새로운 사업과 일체감을 못 느꼈습니다. 전략과 문화가 잘 어울리지 않았던 것입니다. 그래서 결국 우리의 '옛 애인'인 화학사업으로 다시 돌아오는 것이 당연한 다음 순서였습니다."

즉, 시바의 경영자들은 물리사업을 하기를 원하지 않았던 것이다. 경영자가 자신이 무엇을 원하고 무엇을 원하지 않는가를 정당화할 필요는 없다. 그는 그저 문화적 사실만을 인정하면 된다. 로마의 철학자 세네카(Seneca)는 "사람은 원하는 것을 배울 수는 없다"[2]고 말했고, 또한 마이클 포터(Michael Porter)는 한 걸음 더 나아가서 "전략의 요체는 무엇을 하지 않을 것인가를 정하는 것이다"[3]라고 말했다.

---

2) "Wollen kann man nicht lernen."
3) "The essence of strategy is choosing what not to do."

전략은 새로운 것의 창출이다

전략은 늘 혁신을 수반한다. 여기서 말하는 혁신은 안으로 향한 것일 수도 있다. 유럽의 월마트(Wal-Mart)라고 할 수 있는 알디(Aldi)는 다른 소매상들과 마찬가지로 여러 가지 제품을 판매하고 있다. 하지만 이 회사는 매우 독특하고 혁신적인 경영방식을 쓰고 있기 때문에 원가경쟁력이 있고 관리과정(process)도 다른 회사와 다르다. 알디는 거의 모든 일을 업계의 다른 경쟁사들과는 다르게 하고 있다고 한다. 이렇게 전략은 결코 모방이어서는 안 된다. 그런데 우리는 이 말의 논리적 귀결을 "전략은 과학이 아니며 그 이상의 것이다"라고 표현할 수 있다.

이미 1907년에 프랑스의 철학자 앙리 베르그송(Henri Bergson)은 과학은 되풀이되는 것만 다룰 수 있다고 지적했다. 왜냐하면 그렇게 함으로써만 (과학이) 법칙(law)을 발견할 수 있기 때문이다. 그러나 전략은 반복할 수 없고 흉내 낼 수도 없는 것이다. 바로 이 점에서 많은 전략가들이 큰 오류를 범하고 있다. 그들은 끊임 없이 전략의 법칙성을 알아내려고 한다. 그래서 그들은 어제의 성공사례들을 연구하고, 또 그것들을 모방하려고 한다. 그러나 이것은 잘못된 길이다. 뛰어난 전략은 오로지 창의성, 독창성, 틀에 박히지 않은 생각에서만 나온다. 미국에서는 이것을 "다른 사람들이 무엇을 하는가를 보고, 그리고 나서 다르게 하라"라고 표현하고 있기도 하다. 여기서

---

4) "Find out what everybody else is doing, then do it differently."

의 문제는 어느 누구도 '다르게'라는 말이 무슨 뜻인지 얘기해주지 않는다는 것이다. 이것은 각자가 스스로 터득할 수밖에 없다.

전략은 끈질김이다

전략은 포기하지 않으며 참고 버티는 것이다. 미켈란젤로는 "천재란 영원한 인내"라고 말했다고 하는데, 우리는 이 말을 "전략은 영원한 인내"라고 바꿔 쓸 수 있다고 본다. 우리가 속도의 시대에 살고 있고 시장이 빨리 변하는 것은 사실이지만, 짧은 시간 동안에 지속적인 성공이 이루어지는 경우는 아주 드물다. 오히려 지속적인 성공은 수십 년의 세월에 걸쳐 일관된 전략적 방향을 따른 비전과 활동의 결과다. 삼성전자, 인텔(Intel), SAP, 그리고 마이크로소프트는 모두 생긴 지 30년이 넘었다. 이들의 성공은 결코 일시적이거나 잠깐 동안의 이야기가 아니다.

전략은 포괄적이다

흔히 전략은 (단기적이 아닌) 장기적이고, (지엽말단이 아닌) 큰 그림이며, (분권적이 아닌) 집권적(centralized)이라고 하는데, 이것은 틀린 말이다. 전략은 매우 포괄적이다. 독일의 전략가 칼 폰 클라우제비츠(Carl von Clausewitz)는 이러한 전략의 포괄성을 아주 적절하게 표현했다.

"전략은 함께 싸움터에 뛰어들어 현장에서 구체적인 내용을 지시하고 수시로 전체 계획을 수정해야 한다. 싸움터에서는 계획을 바꿔야 할 상황이 끊임없이 일어나기 때문이다. 따라서 전략은 한순간도 현장에서 눈을 돌리면 안 된다."[5]

결론적으로 전략은 지능과 직관, 합리성과 감정, 의지와 분석을 모두 필요로 하며, 또한 사람들로 하여금 이 모든 것들을 행동으로 옮기게 하는 능력도 필요하다.

---

5) "Die Strategie muss mit ins Feld ziehen, um das Einzelne an Ort und Stelle anzuordnen and für das Ganze die Modifikationen zn treffen, die unaufhörlich erforderlich werden. Sie kann also ihre Hand in keinem Augenblick von dem Werk abziehen."

간추린 전략의 역사

1950년대~1970년대 말 / 1980년대 초

'전략'이란 말 자체는 새로운 것이 아니다. 그러나 기업경영과 관련하여 이 말이 널리 쓰이기 시작한 것은 그리 오래되었다고 할 수 없다. 하지만 1960년대 이후 경영학에서 '전략'만큼 많은 새로운 개념을 생산해낸 분야는 없다. 우리는 이 장에서 '전략' 분야의 사상이 어떻게 발달해왔는가를 살펴보기로 한다.

'전략'이란 뜻의 영어인 strategy의 어원은 고대 희랍어의 strato´s와 a´gein이라고 한다. strato´s는 군대란 뜻이고, a´gein의 의미는 이끈다(lead)이다. 이러한 원래의 뜻에 걸맞게 전략은 최근까지 주로 군사용어로 쓰였고, 기업경영의 현장에서 이 말이 쓰이는 경우는 드물었다. 독일에서는 이 개념이 그 유명한 《전쟁론(Vom Kriege)》을 지은 클라우제비츠의 이름과 깊이 연관되어 있다. 클라우제비츠는 이 책에서 여러 가지 전략적 문제를 다루고 있는데, 앞의 20쪽에서 인용했던 그의 말은 오늘날에도 여전히 유효하다.

우리는 이 말을 그대로 경영전략에 적용할 수 있다고 본다. 전략은 결코 고차원적이고 이론적인 계획이어서는 안 되고, 어디까지나 실행과 연결되어야 한다. 또 (전략은) 큰 목표를 시야에서 놓치지 않으면서 끊임없이 피드백을 받고 그에 따라 적절히 상황에 적응해야 한다. 그래서 우리는 전략을 전술 또는 경영현장에서 말하는 운영(operations)과 뚜렷이 분리할 수 없고, 또 분리해서도 안 된다고 생각한다.

경영학에서 전략은 비교적 새로운 개념이다. 1950년대에 가끔 보이던 이 말은 1960년대에 들어서서 좀 더 자주 쓰이기 시작했다. 그전에는 '장기계획(long-range planning)'이란 말이 주로 쓰였다. 항공기 제작회사인 록히드(Lockheed)에서 전략기획을 담당하다가 나중에 경영학 교수가 된 이고르 앤소프(Igor Ansoff)는 '경영전략(corporate strategy)'이란 개념을 처음 만들어낸 것으로 알려져 있다. 〈표 1-1〉에 있는 유명한 앤소프 모델은 바로 그가 개발한 것이다. 〈표 1-2〉는 지난 50년간 전략적 사고가 어떻게 발전해왔는가를 보여주고 있다.

그런데 이러한 전략이론의 발전과정에서 획기적인 공헌을 한 사람들은 경영학자들이 아니고 경영컨설턴트들이었다. 이들은 1960년대 말부터 전략적 성격을 띤 일련의 분석도구를 개발하였는데, 그중

대표적인 것이 맥킨지(McKinsey)와 보스톤 경영자문회사(Boston Consulting Group, BCG)의 전략 포트폴리오 모델들이다(〈그림 1-1〉). 이 모델들은 약간씩 다른 기준을 써서 사업부(business unit)들을 분류한 다음, 각 사업부에 알맞은 전략을 도출하는 데 쓰여왔다.

〈표 1-1〉 앤소프 모델

시장＼제품	기존	새로운
기존	시장침투	제품개발
새로운	시장개발	다각화

〈표 1-2〉 전략적 사고의 발전단계

기간	1950~60년대	1970~80년대	1980년대 후반 ~90년대	2000년 이후
초점	장기계획	외부기회	내부역량	가치지향, 외부 기회와 내부자원의 통합
내용	성장에 대한 기대	매력 있는 시장, 경쟁우위, 사업 다각화, BCG, 마이클 포터	능력, 핵심역량, 자원, 하멜-프라할라드(Hamel-Prahalad)	자본시장에 의한 규율, 핵심영역에 대한 집중
가정	현재의 추세가 계속될 것이다	"우리는 무엇이든지 할 수 있다", 미래는 예측할 수 있다.	전략은 내부에서 결정된다.	"집중을 통해 가치／경쟁우위를 창출하라."
집권화의 정도	중간	높다	높다 – 낮다	높다 – 낮다
계획기간(planning horizon)	약 10년	5년	3년	영구, 필요/속도에 따라

BCG 도표

시장성장률	높다	스타	물음표
	낮다	돈줄(cash cow)	골칫거리(dog)
		높다	낮다

상대적 시장점유율

맥킨지 도표

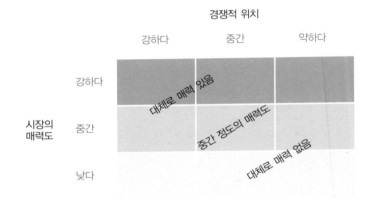

〈그림 1-1〉 BCG 도표와 맥킨지 도표

이러한 모델들의 일부는 로열더치셸(Royal Dutch Shell)과 제너럴 일렉트릭(General Electric, GE)에서 개발하고 시험을 해본 아이디어에 바탕을 두고 있다. 포트폴리오 모델에서 특히 중요한 구실을 한 것은 경험곡선(experience curve)인데, BCG는 이 개념을 연구하고 보급하는 데 많은 힘을 기울인 바 있다. 생산경험이 쌓이면서 원가가 떨어지는 현상은 이미 1930년대에 항공기 제조업에서 발견되었지만, 1970년대까지는 아무도 이것이 주는 원가선도(cost leadership) 및 시장선도(market leadership)에 대한 시사점에 주의를 기울이지 않았다. 무려 3,000개의 전략사업부(strategic business unit, SBU)가 제공하는 자료를 포괄적으로 분석하는 이른바 PIMS[6] 프로젝트도 시장선도와 경쟁포지셔닝(competitive positioning)에 경영자들의 눈을 돌리게 하는 데 크게 이바지하였다. 제너럴일렉트릭을 비롯한 많은 기업들은 이러한 모델과 분석결과에서 얻은 통찰을 바탕으로 그들의 전략을 다시 정립하게 된다. 예를 들어, 제너럴일렉트릭의 잭 웰치(Jack Welch)는 1982년에 이 회사의 회장이 되자마자 "제너럴일렉트릭은 현재 세계시장에서 1위 또는 2위를 하고 있거나, 앞으로 그렇게 할 수 있는 사업만 하겠다"고 선언했다. 20여 년이 지난 오늘날 아무도 제너럴일렉트릭의 이 전략이 엄청난 대성공이었다는 것을 부인하지 않는다. 제너럴일렉트릭은 이 전략 덕분에 세계에서 가장 가치가 높고 이익을 많이 내는 회사가 되었다.

이 사례는 1980년대 초까지 전략 분야에서 개발된 여러 도구와 통찰이 기업경영에 상당한 영향을 미쳤다는 것을 보여준다. 이러한 단계를 거치고 나서야 경영학자들은 전략적 문제에 진지한 관심을 갖기 시작했고, 그 결과 많은 혁신적이고 재미있는 작품들이 나오게 된다.

---

6) PIMS는 Profit Impact of Market Strategy의 약자이다.

1980년대 초~현재

포트폴리오 모델이나 경험곡선 같은 기본적인 도구가 개발된 후인 1980년대 초부터 창의적인 전략이론 발전의 제2단계가 시작된다. 1980년대 중반까지는 경쟁분석, 시간경쟁, 외부기회 같은 개념들이 기업 및 경영자들의 전략적 사고를 지배했다. 그러나 1980년대 말에는 전략적 관심의 초점이 내부적인 측면으로 옮겨갔다. 오늘날 전략을 결정하는 데 있어서 외부기회와 내부자원은 똑같은 비중으로 중시되고 있다.

1980년부터 시작된 전략 분야의 방향 재정립은 하버드 경영대학원의 마이클 포터와 매우 밀접한 관계가 있다. 그는 1980년에 나온 《경쟁전략(Competitive Strategy)》과 1985년에 출간된 《경쟁우위(Competitive Advantage)》라는 두 명저를 통해 전략에 대한 체계적이고 깊이 있는 견해를 제시한다. 포터의 가장 큰 공헌은 경쟁을 생각하는 데 있어서 사고의 범위를 수직 및 수평방향으로 넓혔다는 데 있다. 즉, 기업은 이미 잘 알려진 경쟁사들하고만 다투는 것이 아니라, 대체품(Substitutes) 및 잠재적인 새로운 경쟁사들과도 경쟁관계에 있는 것이다.

예를 들어, 담석을 부수는 기계를 만드는 회사는 경쟁상황 분석을 할 때 비슷한 기계를 만드는 다른 회사들뿐만 아니라, 담석을 녹이는 약품을 생산하는 제약회사와 담석 제거수술을 하는 외과의사들도 고려해야 한다. 또한 수직적으로 보면 상류에 있는 공급자는 가치사슬 상에서 더 많은 몫을 차지하기 위해 하류에 있는 고객과 경쟁을 하고 있다고 볼 수 있다. 공급자와 고객의 상대적인 힘의 관계, 대체품의 존재여부, 의존도 등에 따라 각자에게 돌아가는 몫이 달라진다.

　기업은 한 산업의 경쟁의 강도를 결정하는 요인들을 파악하고, 그러한 요인들의 분석을 바탕으로 신중하게 시장을 고르고 전략을 세워야 한다. 이러한 작업은 가치사슬에서의 위치뿐만 아니라 경쟁우위의 선택과도 관련된다. 경쟁우위는 차별화와 부가가치를 위주로 하거나 낮은 원가와 낮은 가격을 바탕으로 한다. 또한 기업은 시장 전체를 공략할 것인가 아니면 그중의 한 세분시장에만 진출할 것인가도 정해야 한다. 포터는 이 두 차원을 결합하여 〈그림 1-2〉에서 보듯이 네 가지의 기본전략을 도출하였다. 이러한 전략적 결정을 내리는 데 있어서 전략의 방향을 명확히 하지 않거나 어설프게 타협하는 회사는 이것도 저것도 아닌 어정쩡한 위치에 놓이게 되며, 전략적 초점이 좀 더 명확한 회사보다 뒤처지게 된다.

경쟁의 범위	넓은 표적시장	원가우위	차별화
	좁은 표적시장	원가집중	집중적 차별화
		낮은 원가	차별화
		경쟁우위	

〈그림 1-2〉 전략의 기본유형

포터의 저서와 더불어 1980년대 초에 크게 주목을 받았던 책은 1982년에 나온 피터스(Peters)와 워터맨(Waterman)의 《초우량 기업의 조건(In Search of Excellence)》이다. 이 책의 저자들은 맥킨지의 이른바 7-S모델[7](전략, 구조, 시스템, 솜씨, 공유된 가치관, 스타일, 직원)을 주창하였고, 고객지향이 성공의 결정적인 요인이라고 강조하였다. 그러나 오늘날 우리는 이 책의 지속적인 영향을 거의 못 느낀다. 이 밖에 '시간경쟁'이란 말도 한때 크게 유행했었다. 즉 속도, 개발시간의 단축, 선발기업의 이점(pioneer advantage) 같은 개념들이 전략가들의 화두였던 것이다.

한마디로 말해, 1970년에서 1990년까지 전략론의 초점은 외부기회(시장의 성장, 고객지향, 경쟁우위)였던 것이다. 그러나 매력 있고 성장하고 있는 시장이 성공의 보증수표는 아니므로, 우리는 이 시대의 전략론이 한쪽에 치우쳤다고 말할 수 있다. 오히려 많은 다각화 시도가 실패로 끝나고 말았다. 그러한 실패의 원인은 성장성이 좋다고 생각되는 시장에 진출한 기업들이 그러한 시장에서 성공하기에 필요한 내적 역량을 갖추고 있지 않았기 때문이다.

따라서 이때부터 전략론의 연구자들은 기업의 내부측면에 눈을 돌리기 시작했다. 그래서 능력 및 솜씨, 자원, 핵심역량, 원가 등의 개념이 관심의 초점이 된다. 이러한 연구방향의 재정립에 크게 기여를 한 사람들은 하멜(Hamel)과 프라할라드(Prahalad)이다. 1990년에

---

7) "7-S는 strategy, structure, systems, skills, shared values, style, staff를 가리킨다.

나온 그들의 저서 《세계를 바꾼 기계(The Machine that Changed the World)》는 자동차회사들의 전략을 분석했으며, 이 책에서 그들은 일본회사들이 거의 모든 면(개발시간, 품질, 원가)에서 경쟁우위가 있다고 주장했다. 이렇게 기업의 내부측면을 중시하는 풍조는 획기적인 원가절감을 위해 모든 관리과정을 다시 조직해야 한다는 리엔지니어링(reengineering)의 붐으로 이어졌다. 이러한 시대분위기 속에서 경영자들은 원가절감, 합리화, 구조조정 등 주로 기업 내부의 문제에 관심을 기울이게 된다. 즉, '전략의 내부지향'이 이 단계의 가장 큰 특징이다. 그러나 이미 1950년대에 주로 내부관점에서 전략문제에 접근한 이른바 자원지향학파(resource-oriented school)가 하버드 경영대학원에 있었다는 것을 생각하면, 역사는 반복되고 있는 것이다.

그러나 이 두 관점은 모두 한쪽에 치우친 것이다. 시장이 아무리 매력이 있어도 기업이 그것을 공략할 능력이 없으면 그것은 그림의 떡이다. 반대로 기업이 아무리 훌륭한 제품을 만들어내는 능력이 있어도 그것에 대한 수요가 없으면, 그러한 능력은 소용이 없다. 따라서 최근의 전략론은 외부기회와 내부역량을 똑같이 중시하는 방향으로 전개되고 있다.

사업의 정의

　우리가 하는 사업은 무엇인가? 이것은 전략계획을 하는 데 있어서 경영자가 가장 먼저 던져야 하는 질문이다. 사업을 정의하는 방법에는 크게 세 가지가 있다. 제품지향, 필요지향, 능력지향이다. 대부분의 기업은 스스로가 하는 사업을 제품위주로 정의하는 경향이 있다. 그러나 이러한 방식은 고객의 필요를 무시하게 될 위험이 크다. 그래서 이제는 고객의 필요를 중심으로 사업을 정의하는 것이 점차 대종이 되어가고 있다. 우리가 이 장에서 논의할 미국 철도회사들의 이야기는 이 두 방식의 차이를 잘 보여준다.

　당신은 어떤 사업을 하십니까? 이 물음은 아주 쉬운 듯하다. 아니 오히려 시시하게 보이기조차 한다. 그러나 사실은 이것은 매우 중요한 전략적 의미를 가진 질문이다. 하버드 경영대학원에서 오랫동안 가르쳤던 고 테오드로 레빗(Theodore Levitt) 교수는 1960년에 나와 이미 고전이 된 그의 논문 「마케팅 근시안(Marketing Myopia)」에서 일찍이 이 질문의 중요성을 지적했었다. 기업은 크게 제품, 고객의 필요, 능력의 세 가지 관점에서 사업을 정의할 수 있다(〈그림 1-3〉).

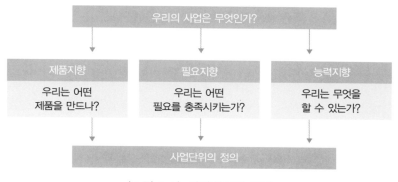

〈그림 1-3〉 사업정의의 유형

레빗은 이러한 그의 특이한 질문의 깊은 뜻을 부각시키기 위해 미국 철도산업의 보기를 들고 있다. 만일 우리가 70년 전에 미국 철도 회사의 경영자들에게 "지금 여러분이 하시는 사업은 무엇입니까?" 하고 물었다면, 그들은 아마 한심하다는 표정을 지으며 단연 '철도사업' 이라고 대답했을 것이다. 즉, 그들은 사업을 제품중심으로 정의했던 것이다.

레빗은 이것은 틀린 견해라고 단정 짓고, 이러한 잘못된 사업정의가 한때 그렇게 번성하던 미국 철도산업이 쇠퇴하게 된 주요원인이라고 말하고 있다. 그의 의견에 따르면, 철도회사들은 고객들과 그들의 욕구를 중심에 놓고 사업을 정의했어야 했다. 왜냐하면 고객은 기차를 타기 위해서가 아니고 도시에서 도시로 이동하기 위해 돈을 내고 있었기 때문이다. 그렇기 때문에 비행기라는 더 빠르고 더 편안한 교통수단이 나타나자 고객들은 차차 기차를 멀리하기 시작했던 것이다. 즉, 철도회사들은 "우리는 승객수송(또는 화물운송)사업을 하고 있다"라고 대답했어야 했다.

고객의 필요·욕구를 중심으로 정의한다

고객의 필요를 중심에 놓는 사업의 정의는 제품지향적인 사업정의와는 근본적으로 다르다. 즉, 이 방식은 출발점이 고객의 필요이며 욕구이다. 예를 들어, 어떤 고객이 서울에서 부산으로 가고 싶어한다고 하자. 이러한 그의 욕구가 현실에서는 가장 중요한 사실이며, 바로 이것이 수요를 낳는다. 어떻게 갈 것인가는 부차적인 문제이다. 고객은 당연히 그에게 가장 적합한 교통수단을 고르려고 한다. 사람에 따라서 그것은 가장 편리한 것, 가장 빠른 것, 가장 경제적인 것, 또는 가장 싼 것이 될 것이다. 고객은 기차를 타는 것 그 자체에는 관심이 없으며, 오로지 목적지까지 가능하면 빨리 편하게, 또는 싸게 가기만 하면 된다. 만일 철도회사들이 자기들의 사업을 이렇게 제대로 이해했으면 그들은 어떤 조치를 취해야만 했을까? 대답은 명확하다! 사업이 한창 잘되고 있을 때 과감히 항공사업에 투자했어야만 했다. 그러나 어떤 철도회사도 항공사업에 진출하지 않았다. 대신 항공운수업에는 이름 없는 사업가, 모험심 많은 사람, 사업을 처음 해보는 회사 등이 뛰어들었던 것이다. 그런데 재미있는 것은 나라가 철도회사들보다 더 사업감각이 있었다는 것이다. 왜냐하면 미국의회는 1934년에 항공운송업이 '철도법'의 규제를 받도록 규정한 것이다. 즉, 미국의회는 이 두 분야가 같은 사업영역에 속한다고 본 것이다. 그 당시 미국에는 24개의 항공회사가 있었고 종업원 수는 모두 4,200명이었다. 당시 어마어마한 규모를 자랑하던 철도회사들이 이들을 합병하거나 시장에서 몰아내는 것은 아마 식은 죽 먹기였을 것이다.

이처럼 사업을 올바르게 이해하고 정의하는 것은 전략의 기초이자 전략기획의 출발점이다.

우리가 사업을 고객의 필요·욕구 중심으로 정의하면 고객의 욕구를 간과하지 않게 된다. 동시에 필요지향적 사업정의는 경쟁관계를 좀 더 넓게 파악하게 함으로써, 똑같은 욕구를 다른 방법으로 충족시키는 대체품이나 새로운 기술로부터의 위험을 줄여준다. 또한 기업은 사업을 지나치게 넓게 정의하여 방향감각을 잃으면 곤란하다. 즉, 사업의 정의는 전략수립을 위한 특정한 행동지침이 나올 수 있도록 구체적이어야 하는 것이다.

고객의 욕구를 중심으로 사업을 정의하면, 고객이 우리를 버리고 다른 곳에 가서 스스로의 욕구를 충족시킬 가능성이 줄어든다. 많은 스위스 시계회사들이 이러한 사실을 직시하지 못했고, 그 결과 그들은 세계시장에서 밀리게 되었다. 1970년대 초에 시계산업의 사업이 무엇이냐고 물었으면, 틀림없이 '시계'라는 대답을 들었을 것이다. 시계는 당시 정밀기계공학의 한 분야로 인식되고 있었다. 이런 공학적인 면에서는 스위스가 가장 막강하였다.

　그러나 현실적으로 그들이 속해 있는 분야는 시계사업이 아니었다. 왜냐하면 고객들은 시계를 갖기 위해서 그것을 사는 것이 아니라, 시간을 알기 위해 시계를 구입하기 때문이다. 따라서 사업의 이름은 시계가 아닌 '시간의 측정'이다. 그런데 곧 이어 전자시계가 나타나면서 시간을 더 정확히, 더 싸게, 그리고 더 편하게 볼 수 있게 되었다. 그 결과 정밀기계공학의 테두리 안에서 안주하던 스위스의 시계산업은 쇠퇴의 길을 걷게 되었으나 그 틈바구니 속에서도 롤렉스(Rolex)나 피아제(Piaget) 같은 고급상표는 여전히 살아남았다. 그 이유는 뭘까? 그것은 그것들의 사업이 시간의 측정이 아니기 때문이다.

　롤렉스의 회장 앙드레 하이니거(André Heiniger)는 "우리는 시계사업을 하는 게 아니다"라고 딱 잘라 말하고 있다. 그러한 고급시계는 오히려 위신, 엘리트 의식, 허영 등의 전혀 다른 욕구를 충족시키고 있다. 따라서 값싼 전자시계와는 경쟁관계에 있지 않다. 또 최근에는 스와치(Swatch)라는 새로운 상표가 급부상하였다. 이것은 시간

측정이 아닌 '패션'이라는 편익을 고객들에게 제공하고 있다. 그렇지 않다면 왜 젊은 여성들이 스와치를 두세 개씩 가지고 싶어 하겠는가? 스위스 사람들은 롤렉스와 스와치, 그리고 다른 고급시계 회사들 덕분에 세계 시계시장에서의 지도적 위치를 되찾을 수 있었다.

고객의 욕구·필요를 중심으로 사업을 정의하는 것은 경쟁관계를 좀 더 넓게, 그리고 제대로 파악하는 데 큰 도움이 된다. 담석을 부수는 기계를 만드는 회사는 어떤 사업을 하고 있는가? 그리고 그 회사의 경쟁사는 누구인가? 우리가 제품위주로 사업을 정의하면, 우리는 '담석 부수는 기계의 제조 및 판매'를 그 회사의 사업으로 정의했을 것이다. 그러나 이렇게 하면 경쟁의 상당부분을 못 보게 된다. 왜냐하면 성가시기 짝이 없는 담석을 없애고자 하는 욕구는 담석을 부수는 전자기기뿐만 아니라 외과수술이나 담석을 녹이는 약품, 현미경을 쓰는 방법, 담낭에 액체를 투입하여 담석을 녹이는 기법 등에 의해서도 충족되고 있기 때문이다. 즉, 똑같은 욕구를 충족시키기 위해 전자공학, 정밀기계공학, 화학이 서로 격돌하고 있는 것이다. 따라서 이 회사의 성공은 다른 회사들보다 얼마나 '담석 부수는 기계'를 더 잘 만드느냐 하는 것뿐만 아니라, 다른 대안들보다 고객들의 욕구를 얼마나 더 잘 충족시키느냐에도 달려 있다.

회사의 능력을 중심으로 정의한다

회사의 능력을 중심으로 사업을 정의하는 것은 "우리는 무엇을 할 수 있는가?" 또는 "우리는 다른 회사들보다 무엇을 더 잘할 수 있는가?"라는 질문을 던지는 것으로부터 시작된다. 사업을 선택하는데 있어서 이것은 물론 매우 중요한 질문이지만, 이것만으로는 충분치 않다. 왜냐하면 기업이 가지고 있는 특수한 능력, 역량의 값어치는 궁극적으로 그것이 고객의 필요를 충족시키는 데 얼마나 기여하느냐에 달려 있기 때문이다. 따라서 우리는 이 질문만 따로 할 것이 아니라, 충족시켜야 하는 고객의 필요·욕구와 연계하여 이 물음에 대답할 것을 권장한다. 그러나 전략론에서의 초점과 집중의 중요성을 생각하면, 능력을 중심으로 한 사업의 정의는 반드시 고려해야하는 방식이다.

모든 기업은 때때로 자사의 사업정의가 아직도 유효한가를 스스로에게 물어야 한다. 새로운 기술, 욕구의 변화, 유행의 변천 등으로 잠재적으로 위태롭게 되지 않는 제품은 거의 없으며, 따라서 필연적으로 사업을 다시 정의해야 할 필요성이 대두된다. 전략연구가인 드렉 에이벨(Derek Abell)은 사업의 정의를 전략기획의 출발점이라고 표현했다. 이것은 맞는 말이다. 왜냐하면 스스로가 하는 사업이 무엇인지를 잘 이해하는 회사만이 적합한 제품과 기술을 개발할 것이기 때문이다. 그러나 사업의 정의는 너무 광범위하거나 불투명해서는 안 된다. 연필을 만드는 회사가 자사의 사업을 '커뮤니케이션'으로 정의하면, 이것은 조금 지나치다고 말할 수 있다. 또 자동차회사나 주유소, 그리고 호텔 등이 자사의 사업을 이동성(mobility)으로 정의하는 것도 어울리지 않는 것으로 보인다. 바꿔 말하면, 우리는 다음과 같은 질문이 자연스럽게 나올 수 있도록 언제나 사업을 충분히 좁게 그리고 구체적으로 정의해야 하는 것이다.

"우리는 무엇을 해야 하는가?"
"우리는 무엇을 하지 말아야 하는가?"
"우리의 경쟁사들은 누구인가?"
"누가 우리의 경쟁사가 아닌가?"

경영자가 자신이 하고 있는 사업의 본질에 대해 더 깊이, 더 많이 생각할수록 그의 회사는 미국의 철도회사들이나 스위스 시계회사들의 전철을 밟지 않을 가능성이 높아진다. 왜냐하면 고객은 제품 그 자체를 사는 것이 아니라 늘 자신의 욕구를 더 잘 충족시켜주는 대가로만 돈을 지불하기 때문이다. 다름 아닌 바로 이 사실이 모든 사업정의의 기본바탕이 되어야 한다.

이익이냐 성장이냐?

　전략가는 단기이익의 극대화와 장기성장이라는 양립하기 힘든 두 개의 목표 사이의 갈등관계를 풀어야 한다. 실패한 전략의 상당수는 이 둘 중의 하나만 일방적으로 강조한 경우가 많다. 그러나 높은 단기이익과 높은 성장률을 동시에 아우르려고 애쓰는 것이 좋은 전략의 큰 특징 중 하나이다.

　경영자는 처음부터 각 목표에 어느 정도의 비중을 둘 것인가를 정하는 것이 좋다. 그러면 모든 전략적 대안들을 목표달성 가능성에 비추어 평가할 수 있게 되기 때문이다.

전략은 어떤 목표를 달성해야 하는가?

많은 경영학 문헌은 '이익극대화'를 강조한다. 이것은 매출과 원가라는 경영활동의 양대 축을 모두 고려한다는 면에서 일관성이 있다. 그러나 여기서 말하는 이익이 단기이익인지 장기이익인지를 명백히 밝히는 경우는 드물다. 연간이익 같은 단기이익은 명확히 정의된 회계상의 숫자다. 그러나 단기이익을 가장 크게 하는 것이 전략의 목표여야 하는가? 그런데 전략이란 그 정의 자체가 장기적인 것이므로 여기서 우리는 내재적인 모순을 볼 수 있다.

장기이익은 다른 하나의 대안이 될 수 있다. 그러나 이 개념은 몇 가지 흠이 있다. 우선 이것은 더 정밀하게 정의되어야 한다. 흔히 DCF(Discounted Cash Flow, 할인된 현금흐름), 즉 미래의 현금흐름의 현재가치가 장기이익을 나타내는 척도로 많이 쓰인다. 이 밖에 투자수익률(return on investment, ROI) 같은 투자효율을 표시하는 간단한 숫자들도 장기이익의 대리변수로 널리 쓰이는데, 이것들은 이익이 발생하는 시점의 차이를 고려하지 않는다는 단점이 있다. 미래에 일어날 일을 감안하는 모든 변수는 그 성격상 예측할 수밖에 없다. 그러나 누구나 알다시피 예측이란 얼마든지 조작할 수 있는 것이다.

상황이 이렇다 보니 전략가들은 단순한 해결책을 찾게 된다. 이것은 자본시장에서도 마찬가지다. 즉, 여기서도 투자자들은 간단한 성공의 척도를 선호하는 경향이 있다. 기업가나 경영자, 그리고 투자자들 모두 단기이익에 관심이 있지만, 그들은 또한 기업의 장기적인 가치상승, 즉 성장을 원한다. 여기서 우리는 전략의 근본적인 딜레마에 부딪친다. 기업은 단기이익을 더 강조해야 하는가 아니면 최대한의 성장을 추구해야 하는가? 사실 이 두 개의 목표를 조화시키기는 무척 어려우며, 둘이 전혀 양립할 수 없는 경우도 흔히 있다. 이것은 가격정책 분야에서 특히 더 그렇다. 기업이 단기이익을 늘리려면, 대체로 값을 올리는 것이 좋다. 그러나 이것의 문제점은 그로 말미암아 수요와 시장점유율이 떨어지고, 성장이 저해된다는 것이다. 값을 내리면 반대의 형상이 나타난다. 즉, 수요와 매출은 올라가지만, 이익이 줄어든다. 기업이 연구개발(R&D)이나 새로운 시설에 투자할 때, 또는 신규시장에 진출할 때도 우리는 이와 비슷한 딜레마에 빠지게 된다. 한마디로 말해, 단기이익과 성장은 서로 잘 어울리지 못하는 파트너들이다.

주식시장에서도 비슷한 현상이 있다. 1990년대 초까지는 주가의 90퍼센트를 이익으로 설명할 수 있었지만, 현재는 이 비율이 50퍼센트에 지나지 않는다고 한다. 그러면 그 나머지는 어떤 변수로 설명될까? 우리들이 보기에는 오늘날 성장이 주주가치를 결정하는 데 있어서 중심적인 구실을 하는 것 같다. 이것은 이제 한 기업의 미래의 성공과 잠재력을 나타내는 대리변수(proxy variable)로 해석되고 있다. 인터넷 붐이 한창일 때는 오로지 성장만이 중요하다는 지나친 견해조차 있었다. 단기이익은 미래를 등한시하게 한다는 의미에서 오히려 위험하다고까지 하였다. 이것은 물론 크게 잘못된 생각이며, 이제 이런 말을 하는 사람들은 다 사라졌다.

일본회사들도, 특히 1980년대에는 비슷한 생각을 했던 것으로 보인다. 그들의 주요목표는 확장과 시장점유율의 극대화였다. 이러한 전략을 추구함에 있어서 그들은 규모의 경제, 경험곡선효과, 시장지배력효과 등의 힘을 과대평가했던 것이다. 1990년대 이후 많은 일본회사들이 큰 어려움을 겪었는데, 이렇게 수익성보다는 성장을 지나치게 중시한 것이 그 원인의 하나였다. 전략을 세우는 데 있어서, 이 두 개의 목표에 각각 어느 정도의 무게를 두어야 하는지에 관한 일반적인 공식이나 지침은 있을 수 없다. 이것은 기본적으로 경영상의 판단의 문제다. 따라서 경영자는 시장이나 투자대안 또는 전략대안들을 검토할 때, 먼저 자신이 추구하고 싶은 전략적 목표들의 상대적 중요성을 계량화하는 것이 좋다. 수익성과 성장 이외에도 안정, 진입장벽, 시장의 크기 등도 고려에 넣을 수 있는 목표변수들이다. 경영자가 이렇게 각각의 목표에 상대적 가중치를 주다 보면, 자신의 전략적인 선호가 자연스럽게 드러난다. 이러한 작업은 예를 들어 인수합병의 대상이 되는 회사들이나 시장들을 서로 비교하고 순위를 매길 수 있게 해준다.

이렇게 되면, 더 이상 이익이냐 성장이냐의 문제가 아니다. 둘은 동시에 추구할 수 있다. 전략의 묘미는 늘 이익과 성장이라는 두 목표를 절묘하게 결합하는 것이다.

2장

전략의 유형

통합전략(integrated strategy)

앞 장에서 이야기한 대로 기존의 전략론은 외부 또는 내부에만 일방적으로 초점을 맞추었다. 그러나 최근의 전략이론은 외부의 잠재력과 내부의 역량을 모두 균형 있게 고려하는 방향으로 전개되고 있다. 기업은 양쪽을 다 제대로 전략계획에 반영해야만 지속적인 성공을 기대할 수 있다. 이렇게 외부와 내부를 모두 감안해야 하는 필요성은 전략개발의 과정을 더욱 복잡하게 만들고 있다.

전략론의 역사

전략론의 역사를 살펴보면, 이것이 외부지향적인 때도 있었고 좀 더 내부에 초점을 맞춘 단계도 있었다. 주로 시장이나 고객, 그리고 경쟁에 관심을 기울이는 전략론은 전자에 속한다. 포트폴리오 관리, 경쟁우위, 전략의 기본유형, PIMS, 다각화 등이 이러한 접근방법의 보기들이다. 이런 이론들은 전략은 시장주도형(market-driven)이어야 한다고 주창한다. 반대로 핵심역량이나 자원기반전략(resource-based strategy), 리엔지니어링 등은 기업의 내부측면에 더 관심을 기울인다. 이러한 내부지향적 견해는 기업의 뛰어난 지식, 역량, 솜씨 등이 전략개발의 출발점이 되어야 한다고 주장한다. 우리 회사가 경쟁사보다 무엇을 더 잘할 수 있는가? 우리는 어떤 분야에서 더 양질의 자원을 가지고 있는가(보기 : 재무자원, 인적자원, 원료에 대한 접근, 기술력 등등)?

이 두 견해는 물론 다 일리가 있다. 하지만 양쪽 모두가 한쪽에 치우쳤다는 것이 문제다. 어떤 시장이 크기, 성장가능성, 수익성 등의 면에서 매력이 있다는 사실 자체는 어느 기업이 실제로 이 시장에서 성공할 확률에 대해 아무것도 말해주지 않는다. 우리 회사는 어떤 매력 있는 시장에도 들어갈 수 있고, 또 그곳에서 지속적으로 이익을 올릴 수 있다는 착각은 많은 전략적 실패의 주요원인이다. 이러한 사례는 특히 다각화전략에서 많이 찾아볼 수 있다. 여기서 말하는 다각화는 새로운 시장에 새로운 제품을 가지고 들어가는 것을 말한다. 이러한 경우에 기업은 고객도 모르고 제품도 모른다는 두 가지의 큰 어려움에 부딪힌다. 코닥(Kodak)은 제약업에서, BASF는 음

악사업에서, 엑슨(Exxon)은 사무시스템사업에서, 그리고 폴크스바겐(Volkswagen)은 정보기술사업에서 각각 실패한 쓰라린 경험이 있다. 그러나 그 원인은 시장이 매력이 없었기 때문이 아니다. 오히려 시장성은 다 좋았다. 이들이 새 시장에서 좌절한 까닭은 그 시장에서 성공하기에 필요한 능력을 갖추고 있지 않았거나 경쟁사들이 그러한 능력면에서 더 뛰어났기 때문이었다.

반대의 경우도 많이 있다. 한때 번창했던 NSU나 도이츠(Deutz), 또는 부크(Buck) 같은 회사는 뛰어난 역량을 갖추고 있음에도 불구하고, 몇몇 시장에서 아주 사라졌거나 간신히 명맥만 유지하고 있다. 그것은 더 이상 그들의 역량에 대한 수요가 없기 때문이다. 1950년대에 독일 슈투트가르트(Stuttgart) 근교에 있던 NSU는 당시 세계 최고의 모터사이클회사였다. 그런데 그 당시의 유럽에서는 모터사이클을 주로 수송의 수단으로만 생각하고 있었기 때문에 그러한 의미의 모터사이클은 점차 자동차에 밀릴 수밖에 없었다. 그리고 모두들 모터사이클은 이제 쇠퇴기에 들어섰다고 믿고 있었다. 이 시점에서 NSU는 살아남기 위해 적극적으로 자동차 분야의 역량을 개발했어야만 했다. 또는 미국에서 모터사이클이 레크리에이션용 차량으로 다시 태어나고 있음에 착안하여 일본의 혼다(Honda)처럼 재빨리 이 시장에 파고들었으면, 새로운 시장에서 큰 몫을 할 수 있었을 것이다. 도이츠는 독일의 대표적인 트랙터회사였는데, 농업이 쇠퇴하면서 트랙터에 대한 수요도 줄어들었던 것이다. 이 회사는 트랙터시장에서 쌓아올린 경험과 노하우를 상용차나 공작기계 분야에 성공적으로 접목하지 못했다. 부크는 역시 독일의 선도적인 위장군수품(camouflage munitions)회사였는데, 냉전이 끝나면서 이 회사 제품에 대한 수요도 곤두박질쳤다. 부크는 스스로의 뛰어난 기술적 역량을 활용할 수 있는 다른 시장을 찾으려고 노력하였으나, 결국 실패하고 말았다. 마찬가지로 오늘날 어느 회사가 아무리 증기기관차나 증기기관을 잘 만든다고 해도, 그러한 제품에 대한 수요가 이미 없으므로 현재의 기술과 역량만 가지고는 살아남지 못할 것이다.

그러므로 전략은 언제나 외부(시장)지향적이면서 동시에 내부(자원)지향적이어야 한다. 그래서 전략론의 큰 과제는 양쪽의 시각을 균형 있게 포섭하는 것이다. 이렇게 양쪽을 잘 결합한 전략을 우리는 통합전략이라고 부른다. 〈그림 2-1〉은 이 개념을 보여주고 있다.

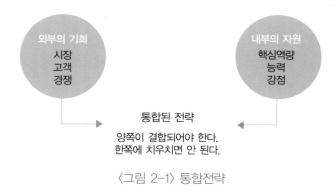

〈그림 2-1〉 통합전략

19세기 후반에 독일의 통일을 이룩한 프러시아 수상 비스마르크는 이 통합전략의 개념을 잘 이해하고 실천한 뛰어난 전략가였다. 그가 1862년 9월 프러시아의 수상이 된 이후 1871년 1월 독일제국이 창건될 때까지 그가 추구한 전략적 목표는 말할 것도 없이 '프러시아 주도하의 독일 통일'이었다. 이 목표를 달성하기 위해 그는 덴마크, 오스트리아, 그리고 프랑스와 싸웠으며, 북독일연방을 조직하였고, 남부의 네 나라를 설득하여 그들을 독일의 일부가 되도록 하였다.

이 과정에서 그가 활용한 가장 강력한 내부자원은 프러시아의 막강한 군대였다. 또한 통일국가를 가지고 싶다는 게르만 민족의 간절한 염원도 중요한 내부자원이었다. 외부의 상황을 볼 때 가장 큰 잠재적 위협은 독일의 지정학적 위치였다. 즉, 유럽대륙의 한복판에 있는 프러시아를 비롯한 게르만 민족의 여러 나라들은 통일을 방해할 수 있는 네 열강들(프랑스, 오스트리아, 러시아, 영국)에 사실상 둘러싸여 있다. 따라서 이들이 일치단결하여 독일의 통일을 막으려고 한다면, 목표달성이 아주 힘들어진다. 그러나 동시에 외부의 기회는 독일의 통일을 반대할 수 있는 강대국들의 이해관계가 늘 일치하지는 않는다는 것이었다. 이러한 잠재적 기회를 실제의 기회로 만든 내부의 자원은 비스마르크 자신의 빼어난 외교수완이었다. 즉, 그는 어떤 때는 동맹국을 끌어들이고 또 어떤 때는 열강들끼리 서로 견제하게 하여, 결과적으로는 그들이 프러시아에 대하여 공동보조를 취하지 못하게 하였다. 프러시아의 훌륭한 내부자원으로서의 비스마르크의 능력을 이해하기 위해 이 부분을 좀 더 자세히 이야기하기로 한다.

덴마크와의 전쟁

비스마르크는 1864년 2월 오스트리아와 더불어 덴마크와의 전쟁을 시작한다. 그것은 덴마크가 독일인들이 많이 사는 슐레스비히(Schleswig)를 자국에 편입시키려고 했기 때문이다. 이때 비스마르크는 오스트리아를 끌어들여 두 나라가 함께 출병시키도록 한다. 사정이 이렇게 되니 영국, 프랑스, 러시아는 더 간섭할 여지가 없었다. 그것은 첫째, 독일 국내문제에 개입하게 되는 것이요, 둘째는 프러시아와 오스트리아가 함께 싸우니 그들이 이기더라도 그것이 프러시아만의 영토확장으로 이어지지는 않을 것이기 때문이었다. 이 전쟁에서 덴마크는 물론 대패하였고, 승리의 대가로 프러시아는 슐레스비히를 그리고 오스트리아는 홀슈타인(Holstein)을 각각 갖게 되었다.

오스트리아와의 전쟁

덴마크와의 전쟁에서 이긴 비스마르크의 다음 목표는 오스트리아였다. 오스트리아를 독일연방에서 내몰지 않는 한 프러시아의 독일 제패(制覇)는 있을 수 없는 것이다. 비스마르크는 오스트리아와의 전쟁에 앞서 먼저 프랑스의 나폴레옹 3세와 접촉하여 약간의 영토를 떼어준다는 언질을 하고 그의 중립을 약속받는다.

또 1866년 4월 8일에는 이탈리아와 3개월 시한부의 비밀협정을 맺는다. 그것의 내용은 형제전쟁(Bruderkrieg)이 일어나면 이탈리아가 프러시아를 지원하고 그 대가로 베네치아를 얻는다는 것이었다. 영국은 유럽대륙에 대해서는 불간섭주의 노선을 취하고 있었다. 또 비스마르크는 1859년부터 3년간 러시아 주재 프러시아대사로 근무하면서 러시아와의 친선관계를 많이 강화해놓았다. 뿐만 아니라 1854년에서 1856년 사이에 일어났던 크리미아 전쟁 당시 비스마르크는 프러시아가 러시아에 대해 중립을 지키도록 하는 데 일조하여 러시아의 환심을 산 바 있었다. 반면에 이 전쟁 동안 오스트리아는 러시아와 대립하여 그 후 두 나라는 반목관계에 있었다. 또 1863년 초 폴란드에 반란이 일어났을 때도 비스마르크는 러시아를 원조하여 러시아를 확실하게 자기 편으로 만들었다. 비스마르크는 이렇게 다양한 외교적인 노력으로 오스트리아를 완전히 고립시킨 다음 1866년 6월 16일 오스트리아와의 전쟁을 시작한 것이다.

프랑스와의 전쟁

오스트리아와의 전쟁이 끝나고 이듬해인 1867년에 북독일연방이

결성되자, 이제 남은 일은 가톨릭 세력이 강한 남부의 네 나라를 북독일연방에 끌어들이는 것이었다. 그러나 프랑스의 나폴레옹 3세는 자국의 동부에 강력한 통일국가가 생기는 것을 원하지 않으므로, 통일의 마지막 단계에서 그가 개입할 것은 거의 확실했다. 프랑스와 전쟁을 하게 될 경우, 1866년의 전쟁에서 패한 이후 설욕의 기회를 노리는 오스트리아가 프랑스를 도울 가능성이 있다. 비스마르크는 이에 대비하여 러시아로부터 중립을 지킨다는 약속을 미리 받고, 사실상의 제휴관계를 맺어놓았다.

그 결과 오스트리아는 러시아의 견제 때문에 이 전쟁에 개입할 수 없었다. 비스마르크는 또한 독일주재 프랑스대사 베네데티(Benedetti)가 1867년에 쓰고 자신이 간직하고 있던 문서를 1870년 7월 전격적으로 공개했다. 그 내용은 프랑스가 룩셈부르크와 벨기에를 합병한다는 조약의 초안이었다. 이 나라들을 어느 강국 하나가 소유하는 것을 원하지 않았던 영국은 이 소식을 듣고 엄정중립을 지키기로 했다. 이것이 비스마르크의 계략이었음은 말할 것도 없다. 이렇게 비스마르크가 미리 손을 써놓은 상태에서 1870년 7월 15일 보불전쟁이 터지자, 프랑스는 혼자서 프러시아에 맞서야 했고, 잘 훈련된 프러시아 군대는 파죽지세로 프랑스를 휩쓸었다.

오늘날의 대한민국으로 눈을 돌리면, 국가차원에서 원자력산업과 고급 의료서비스산업을 지원하는 것은 전략적으로 옳은 방향이다. 두 분야에서 우리는 이미 상당한 내적 역량을 쌓았고, 외부시장 기회는 아주 크기 때문이다. 또한 지정학적인 위치 덕분에 외부시장 기회가 많고 훌륭한 서비스 역량을 쌓은 인천 국제공항을 동북아 여객수송 및 물류의 허브로 만들려는 전략도 승산이 있다고 본다. 그러나 서울을 국제금융의 허브로 만들려는 전략은 적어도 현재로서는 승산이 그리 크지 않은 듯하다. 금융 분야의 인재확보, 노하우, 금융규제 등의 사업환경의 여러 면에서 우리가 아직 세계적인 핵심 역량이 있다고 보기는 어렵기 때문이다. 또 시각을 바꿔서 명망 있는 미국의 대학교들이 우리나라의 송도 국제도시에 분교를 설치하는 것도 전망이 괜찮을 듯하다. 우리나라에는 수준 높은 고등교육에 대한 수요가 아주 많고, 그들은 그것을 충족시킬 내적 역량이 있기 때문이다.

이렇게 국가든 기업이든 외부와 내부를 균형 있게 포괄한 세련된 통합전략을 개발하고 시행해나가야 하는 것이 오늘날의 대세다.

그러나 이렇게 통합된 시각을 채택하게 되면, 전략개발의 과정이 훨씬 복잡해진다. 왜냐하면 전략가는 양쪽 측면을 늘 염두에 두어야 하기 때문이다.

한 회사가 어떤 전략적 상황에 놓여 있는가를 평가하려고 할 때, 우리는 대외적인 경쟁우위와 내부의 역량을 균형 있게 분석할 것을 권장한다. 이때 양쪽 분야에서 모두 계량적으로 접근하는 것이 좋다. 즉, 계량적인 방법을 통한 추정 및 평가가 이루어져야 한다. 외부분석은 주로 고객들의 의견과 견해에 의존해야 할 것이다. 또 내부역량을 평가하려고 하면, 벤치마킹이나 시장과 경쟁사를 잘 아는 임직원들과의 워크숍, 그리고 중립적인 외부 전문가들을 대상으로 한 설문조사 등이 적합하다.

경영자는 이러한 방법들을 통해 얻은 자료를 바탕으로 두 가지 측면을 균형 있게 포괄하는 방향으로 전략을 개발해야 한다. 한 회사의 전략이 이런 과정을 거쳐 태어나면, 그것의 성공확률이 매우 높을 것임은 말할 것도 없다.

자원기반전략(resource-based strategy)

경영학자들이나 경영자들이나 이제는 모두 "기업의 전략은 기업의 성공잠재력을 키우는 데 더욱더 초점을 맞추어야 한다"고 이야기하고 있다. 우리가 이 장에서 다루는 자원기반전략은 그러한 성공의 잠재력을 시장에서의 포지셔닝보다는 기업 내부의 역량에서 찾아내려는 전략적 사고방식이다. 따라서 이 방식은 주로 다음과 같은 문제에 관심을 가지고 있다.

- 기업이 체계적으로 스스로의 자원을 파악하고 개발하려면 어떻게 해야 하나?
- 어떤 자원이 전략적으로 값어치가 있는가?
- 최고경영자는 전략적 가치가 있는 자원을 어떻게 경영전략의

도구로 활용할 수 있는가?

성공잠재력의 밑바탕인 기업의 내부자원

자원기반전략은 시장지향적인 전략과는 달리 기업의 내부자원이야말로 (기업의) 성공잠재력의 밑바탕이라고 본다. 이 전략은 "한 기업의 경쟁우위의 원천은 바로 그 기업이 보유하고 있는 자원이다"라고 가정하고 있다. 이러한 의미에서 기업은 '자원의 뭉치(bundle)'로 간주된다. 그렇다면 경영자가 어떻게 자사의 자원을 체계화하느냐가 문제가 된다.

하나의 분류방법은 자원을 눈에 보이는 것과 안 보이는 것, 그리고 재무자원과 조직자원으로 나누는 것이다. 생산시설이나 사무기기 같은 눈에 보이는 자원(tangible resources)은 언젠가는 가치가 다하며, 대체로 유한하다. 따라서 이런 자원이 장기적인 전략적 우위의 바탕이 되기는 힘들다. 반면에 특허, 상표, 기술력, 인적자원 등의 눈에 보이지 않는 자원은 시간이 지난다고 해서 반드시 가치가 떨어지지는 않는다. 오히려 상황에 따라서는 세월이 흐르면서 값어치가 올라가기도 한다. 또한 이것은 눈에 보이는 자원보다 훨씬 덜 유한하며, 따라서 기업경쟁력의 궁극적인 원천이 되기에 더 적합하다.

삼성그룹의 성공적인 다각화전략은 상당부분 삼성이라는 상표의 막강한 힘에 의존하고 있으며, 인텔도 경쟁력 강화를 위해 귀중한 상표자산을 세심하게 관리하고 있다(〈그림 2-2〉 참조).

경쟁력의 원천으로서의 인적자원

이 책의 저자 중 한 사람인 독일의 헤르만 지몬(Hermann Simon)
이 이야기하는 "숨은 세계 챔피언들(Hidden Champions, 히든 챔피
언)"[8]은 혁신적인 기술이라는 독특한 내부자원을 바탕으로 그들이
진출하고 있는 틈새시장에서 확고한 위치를 차지하고 있다. 경쟁력
의 원천으로서의 인적자원의 중요성은 컨설팅업계에서 특히 크다.
이 분야에서는 컨설턴트, 더 정확히 말하면 그의 지식이 그가 몸을
담고 있는 컨설팅회사의 가장 중요한 자산이다.

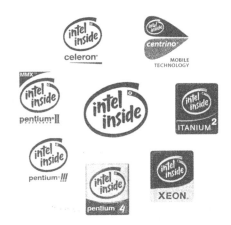

〈그림 2-2〉 인텔의 상표

---

8) 잘 알려지지 않았지만 세계시장을 석권하고 있는 초우량 중소기업들을 가리킴.

유동자산이나 자본구조 등의 재무자원

세 번째 종류의 자원은 유동자산이나 자본구조 등의 재무자원이다. 재무자원은 그것을 쓰는 만큼 줄어들며, 또 공급도 유한하다. 특히 대규모의 자본이 필요하거나 경쟁사들이 자본력이 달려 따라오기 힘들 때는 재무자원이 장기전략의 바탕이 될 수 있다.

조직자원(organizational resources)

마지막으로 언급한 것은 조직자원이다. 이것은 조직구조나 정보시스템, 또는 기업문화 등을 포괄하는 회사의 모든 경영시스템의 총체를 말한다. 이것은 시간이 지나면서 값어치가 떨어진다고 말할 수는 없지만, 그래도 유한하다. 그럼에도 불구하고 몇몇 조건들이 충족되면 기업은 조직자원을 바탕으로 전략을 세울 수 있다. 한때 중소기업에 지나지 않았던 독일의 베텔스만(Bertelsmann)은 유연한 조직구조와 협조적인 기업문화 덕분에 지난 몇십 년 동안에 세계적인 규모의 종합미디어회사로 성장할 수 있었다.

일반적으로 말해, 한 회사의 자원이 그 회사가 추구하는 전략을 효과적으로 뒷받침할 수 있으려면 다음의 네 조건이 충족되어야 한다.

• 그 자원이 회사에게나 고객에게나 값어치가 있어야 한다.

- 시간이 지나면서 그 자원의 가치가 떨어지면 안 된다. 그렇게 되면 장기적인 경쟁우위가 나올 수 없기 때문이다.
- 다른 자원으로 대체될 수 없어야 한다.
- 경쟁사가 쉽게 모방할 수 없거나, 돈을 내도 살 수 없어야 한다. 즉, 독특해야 한다.

이 가운데서 맨 마지막 조건은 특히 중요하다. 만일 경쟁사가 우리 회사의 귀중한 강점을 성공적으로 모방하면, 그것에 바탕을 둔 우리의 경쟁우위는 힘을 잃게 마련이다. 따라서 기업은 경쟁사들이 전략적으로 중요한 우리의 자원을 모방하기 힘들게 할 필요가 있다. 그 예를 들어보자.

스타벅스(Starbucks)는 매장의 독특한 스타일과 분위기가 바로 자사의 전략적 경쟁우위라고 생각하고 있기 때문에 그 모습을 흉내 내려는 경쟁사에 대해서는 단호하게 법적으로 대응하고 있다. 또한 신속한 의사결정과 (신속한) 정책의 시행을 가능하게 하는 기업문화, 생산적이고 창의적인 직장 분위기, 회사에 대한 뜨거운 애사심 등도 모두 시간이 걸려야만 얻을 수 있는, 그래서 경쟁사가 따라잡을 수 없는 회사의 귀중한 자산이다. 그리고 사회적 복잡성이 크면 클수록 대체하거나 모방하기가 어려워진다.

예를 들어, 관련 지식이 많은 종업원들에게 분산되어 있으면, 경쟁사가 그것을 습득하기 힘들 것이다. 또 제품 등의 하드웨어보다는 서비스 등의 소프트웨어가 더 흉내 내기 어렵다. 그래서 많은 회사들이 넓은 의미의 소프트웨어(보기 : 서비스, 도움말, 교육훈련, 배달 및 설치, 친절, 금융 등에서의 융통성)에서 경쟁우위를 갖추려고 애쓰고 있다.

끝으로 어떤 자원이 한 회사에 얼마나 내재화되어 있느냐도 모방의 난이도에 큰 영향을 미친다. 예를 들어, 뛰어난 연구원이나 영업사원 등의 어떤 특정한 자원이 한 회사에 아주 굳건하게 뿌리를 내리고 있다고 하자. 이렇게 깊이 이식된 자원은 그 조직의 바깥에서는 제대로 힘을 발휘하지 못하는 경우가 태반이다. 즉, 그러한 자원은 경쟁사 등의 다른 조직에서는 그 값어치가 크게 떨어지게 마련이다.

자원은 한 기업의 성과를 장기적으로 올리는 데 도움이 될 수 있다. 그러나 경영자는 자원의 활용계획을 세우기 전에 관련자원이 우리가 이 장에서 논의한 여러 요건에 비추어 보았을 때, 어느 정도의 실질가치를 가지고 있는가를 먼저 철저히 검토해야 한다.

원가우위전략(cost leadership strategy)

포괄적인 원가우위전략을 추구하는 회사는 업계에서 가장 원가경쟁력이 있는 공급자가 되기 위해 노력한다. 즉, 이익을 내면서도 지속적으로 버틸 수 있는 위치에 도달하려고 애를 쓴다. 세계의 많은 회사들이 이러한 원가위주의 기본전략을 성공적으로 실천에 옮기고 있으며, 경영학 문헌에서도 이 전략은 많이 다루어지고 있다. 이것은 마이클 포터가 개발한 전략의 네 가지 기본유형[9] 중 하나인데, 그가 이야기하는 경쟁전략의 기본 아이디어는 제조업뿐만 아니라, 소매업 등의 서비스 부문에도 널리 적용될 수 있다.

포괄적인 원가우위전략을 추구하는 회사는 먼저 최대한 원가를

---

9) 포터가 제시하는 전략의 기본유형은 원가우위, 차별화, 원가집중, 그리고 집중적 차별화이다.

낮춘 다음, 그 낮은 원가를 바탕으로 고객들에게 낮은 가격을 제시하는 방법으로 시장에서 성공을 거두려고 한다. 이 전략을 쓰려고 할 때의 핵심과제는 바로 주요 원가주도변수(cost drivers)의 철저한 분석이다. 기업이 원가우위전략을 시행할 때는 다음과 같은 조치와 방침을 과감히 밀고나갈 필요가 있다.

- 지속적인 원가통제
- 생산수단의 효율적인 활용
- 높은 노동생산성의 확보
- 적은 양을 주문하거나 지나치게 특별대우를 많이 요구하는 고객, 또는 주문내용을 너무 자주 바꾸는 고객을 피한다.

원가를 낮추는 데 있어서 특히 중요한 것은 경험곡선효과(experience-curve effect)의 원리를 효과적으로 활용하는 것이다. 경험곡선효과란 누적생산량이 갑절로 늘 때마다 부가가치 한 단위를 만드는 원가가 일정률(대체로 20~30퍼센트)만큼 떨어지는 현상을 말한다. 따라서 기업은 제품을 많이 생산하고 판매함으로써 이러한 학습곡선효과를 거둘 수 있다. 원가우위전략의 성공요인은 높은 시장점유율, 높은 시장침투율, 효율적인 유통시스템, 그리고 원가를 낮추는 제품·공정·관리과정의 혁신 등이다.

월마트

세계 최대의 유통회사 월마트 이야기는 원가우위전략의 좋은 사례다. 잘 알려져 있다시피 이 회사는 친절한 서비스와 '날마다 낮은 가격(everyday low prices)'을 제공하고 있다. 회사가 고객들에게 늘 낮은 가격으로 상품을 팔 수 있으려면, 무엇보다도 원가를 낮추어야 한다. 그래서 이 회사는 창업자인 샘 월튼(Sam Walton) 회장이 살아 있을 때부터 본사와 각 점포를 연결하는 컴퓨터시스템과 트럭, 그리고 유통센터의 건설에 많은 돈을 투자하였으며, 유통센터를 중심으로 점포를 개설해나갔다. 이렇게 함으로써 월마트는 당시의 경쟁사인 K마트보다 점포망을 더 잘 통제할 수 있게 되었을 뿐만 아니라 많은 비용을 절감할 수 있었다. 또한 고객들에게 매일 싼 값에 상품을 공급할 수 있으려면 공급회사들의 협조가 절대적으로 필요하며, 그러한 협조는 좋은 관계를 유지할 때만 기대할 수 있다. 그래서 월마트는 공급회사들과의 관계를 매우 중시하고 있다. 말할 것도 없이 월마트의 공급회사가 되기는 무척 힘들다.

그러나 그 가치를 인정받은 월마트의 공급회사는 월마트의 시스템을 이용하여 자기 회사의 상품이 각 점포별로 얼마나 팔리고 있는가를 수시로 알 수 있다. 즉, 월마트는 이들을 월마트 가족의 일원으로 보고 이들과 판매정보를 공유함으로써 이들로 하여금 생산계획을 미리 짜고, 그리하여 더 싸게 상품을 공급할 수 있게 하는 것이다. 1년에 월마트에 무려 60억 달러어치의 상품을 공급하는 프록터앤드갬블(Procter & Gamble)은 한 걸음 더 나아가서 월마트의 본사가 있는 아칸소주 벤토빌에 150명의 직원을 상주시키고 있다. 고객인 월마트의 본사 가까이 있으면서 여러 가지 업무를 조정하기 위함이다. 공급회사들과의 이러한 파트너십은 이 회사의 원가우위전략의 성공에 크게 이바지하고 있다. 그리고 월마트의 구매부서 사람들은 까다롭기로 유명하다. 물론 그들이 월마트의 엄청난 구매력을 바탕으로 힘겨운 협상을 강요할 수 있는 것도 사실이지만, 실은 고객을 위해 물건을 구입한다는 사명의식이 아주 강하기 때문에, 즉 스스로를 '고객을 위한 대리인(agent for the customer)'으로 보기 때문에 그들은 구매협상에서 최선을 다하는 것이다.

이러한 월마트의 원가우위전략은 이 전략에 어울리는 근검절약(frugality)의 기업문화로 뒷받침되고 있다. 월튼 회장은 근검절약이 몸에 밴 사람이었다. 그는 임원들이 출장을 다닐 때 여덟 명이 한 방에 자게 하였으며, 한때 미국에서 가장 부유한 사람이었음에도 불구하고 비행기의 3등칸(economy class)을 타고 다녔다. 그는 "월마트가 1달러를 어리석게 쓸 때마다 그 돈은 우리 고객들의 호주머니에서 나온다"라고 말하기도 했다.

1992년에 월튼 회장이 세상을 떠난 이후 20년 가까이 지났지만 그가 남긴 이러한 문화는 회사에 아직 생생하게 남아 있다. 그래서 회사의 주식 값이 크게 오르는 바람에 많은 종업원들이 백만장자가 되었지만, 임원들은 여전히 작은 사무실에서 일하면서 스스로 커피 값을 내고 손수 쓰레기를 버리며, 소박한 자동차를 굴린다. 이렇게 초일류회사 월마트의 기업문화는 사치와는 정말 거리가 멀다. 그리고 바로 이 점이 이 회사의 원가우위전략의 중요한 성공요인의 하나인 것이다.

사우스웨스트항공(Southwest Airlines, SWA)

1980년 이후 자타가 공인하는 미국 항공업계의 선두주자인 사우스웨스트항공도 원가우위전략을 쓰고 있다. 이 회사의 종업원들은 여러 가지 기능을 수행할 수 있다. 경우에 따라서는 조종사들이 짐 싣는 것을 도와주기도 한다. 또한 대부분의 관리과정이 단순화되어 있기 때문에 비행기에서 내리는 시간과 탑승시간의 간격이 믿을 수 없을 정도로 짧다(불과 22분!). 비록 사우스웨스트의 종업원들이 받는 급료는 낮은 편에 속하지만, 이 회사는 항공업계의 다른 경쟁사들보다 더 훌륭한 기업문화를 가지고 있다고 자부하며, 종업원들의 이직률도 업계의 다른 회사들에 비해 낮다. 반면에 생산성은 업계최고를 자랑한다. 사우스웨스트항공은 이러한 내적 경쟁우위를 낮은 가격이라는 형태로 고객들을 위한 편익(benefit)으로 전환하며, 그 결과 이 회사는 30년 이상 계속 빛나는 성과를 내고 있다.

또한 유럽의 라이언에어(Ryanair)와 이지제트(Easyjet)도 비슷한 전략으로 훌륭한 성적을 올리고 있다. 이 세 회사의 공통적인 성공요인은 시스템이 아주 간단하다는 것과 탑승률이 매우 높다는 것이다.

알디(Aldi)

독일의 식품소매회사 알디도 원가우위전략을 성공적으로 시행하고 있는 대표적인 회사의 하나다. 이 회사의 문화, 관리과정, 그리고 제품은 모두 일관성 있게 낮은 원가와 최고의 효율을 지향하고 있다. 알디는 한마디로 말해 불필요한 서비스를 제공하지 않는 슈퍼마켓이다. 그래서 이 회사의 매장에는 필요 없는 장비나 시설물이 하나도 없고, 출납원(cashier)은 아주 빠른 속도로 일을 처리한다. 게다가 회사의 정책을 외부에 공개하지 않는 등 바깥에 대해서는 회사가 폐쇄적인 자세를 취하는 경향이 있다. 또한 최고경영층이 때로는 특이한 방법으로 근검절약의 모범을 보이기조차 한다. 이처럼 기업문화와 전략이 일관성을 이루고 있기 때문에 이 회사는 다른 식품소매상들이 도저히 따라올 수 없는 가격경쟁력을 유지하고 있는 것이다.

그러나 원가위주전략에는 몇 가지 근본적인 위험이 따른다.

첫째, 기술의 변화로 말미암아 지금까지 해온 투자와 획득한 지식이 쓸모 없게 될 수 있다.

둘째, 회사가 지나치게 원가구조와 절감에만 신경을 쓰는 나머지

오래된 제품을 제때에 대체하지 못할 수 있다. 또한 원가를 낮추려고 어느 한 부문에 대해 취한 조치로 말미암아 다른 부문(들)의 원가가 그만큼 올라가는 바람에[10] 결과적으로 경쟁우위가 생기지 않는 경우도 있다. 뿐만 아니라 주어진 어느 특정시장에서 원가우위회사는 하나밖에 있을 수 없다. 그럼에도 불구하고 여러 회사가 원가위주의 전략을 구사하면, 파괴적인 가격전쟁이 일어나게 된다. 게다가 품질은 언제나 중요한 구매기준이므로 원가우위전략을 쓴다고 해도 품질이 어느 한계 이하로 떨어지면 안 된다. 그래서 유명상표보다는 자체상표(private brand, PB)에 더 비중을 두고 있는 알디는 특히 그 자체상표 제품들의 품질관리에 힘을 기울이고 있다. 이 회사는 자사가 판매하고 있는 제품들의 품질에 자신이 있기 때문에 아주 관대한 반품정책을 실시하고 있다. 즉, 고객들이 그들이 샀던 물건을 가게에 가지고 와서 반품을 요구하면, 회사는 아무 것도 물어보지 않고 그대로 전액을 돌려준다.

간추려서 말하면, 다음과 같은 요건들이 충족될 때만 원가우위전략은 승산이 있다.

첫째, 고객들이 보기에 시장에 나와 있는 제품들이 어느 정도 동질적이어야 한다.

---

10) 이러한 현상을 '보상적인 원가상승(compensatory cost increases)'이라고 부른다.

둘째, 가격이 가장 중요한 구매기준이어야 한다.

셋째, 회사가 경험곡선효과를 이용할 수 있을 만큼 높은 시장점유율을 차지하고 있어야 한다.

끝으로, 회사가 판매하는 제품의 품질이 일정수준 이상이어야 한다.

〈표 2-1〉은 우리가 이 장에서 논의한 원가우위전략의 성공요인, 위험요인, 그리고 관련사례를 좀 더 자세하게 보여주고 있다.

〈표 2-1〉 원가우위전략 : 성공요건, 위험요인, 관련사례

성공요건	구매/조달	값싼 원료공급원, 전 세계에서 구매/조달, 적은 재고, 적시 구매(Just-in-time purchasing), 시스템 제공회사의 선호
	생산	생산성을 높이는 공정혁신, 제품 및 공정의 표준화, 생산하기 쉽도록 제품설계를 최적화한다. 뱃치생산(batch production) 또는 대량생산
	판매	높은 시장점유율, 효율적인 유통, 공격적인 가격정책
	경영관리	효율적인 통제 및 보고시스템, 원가지향적인 기업문화, 계량화된 목표
위험요인	· 기술의 변화가 기존의 투자와 지식을 쓸모없게 만들 수 있다. · 제품이 너무 늦게 대체된다. · 보상적인 원가상승이 있을 수 있다. · 한 시장에서는 원가선도기업이 하나밖에 있을 수 없다.	원가우위전략은 경험곡선효과와 관련된 합리화의 가능성을 최대한 실현하는 데 초점을 맞춰야 한다.

관련사례 (알디)	· 판매하는 모든 제품에서 가격 경쟁력 유지(price leadership) · 전 세계에서 구매 · 값싼 운송수단의 활용 · 제한적인 상품구색(product assortment), 유명상표보다는 자체상표를 선호 · 잘 알려진 유명상표 제품에 비해서 품질이 그다지 떨어지지 않는다. · 땅값/집세가 비싸지 않은 곳에 위치하고, 매장시설을 간소하게 한다. · 매주 신문광고 · 높은 인지도	원가우위전략의 기본원칙을 철저히 지키는 것이 아주 중요하다.

시장지향전략(market driven strategy)

시장지향전략은 철저하게 시장기회와 고객의 욕구를 회사가 하는 모든 일의 중심에 놓는다. 내부의 일은 이 철학에 맞도록, 즉 시장의 요구를 따르는 방향으로 조정된다. 이러한 시장지향적 정책을 엄격히 시행하는 회사들은 흔히 혼란스러워 보이기는 하지만 창의적인 기업문화를 가지고 있고, 위험부담을 비교적 덜 두려워한다. 이들은 내부역량을 중시하는 회사에 비해 사업의 방식이나 내용, 그리고 경쟁구도상에서의 위치(competitive position) 등을 더 자주 바꾸는 경향이 있다. 그런데 많은 실제사례에서 알 수 있듯이 회사는 이러한 과정에서 예상하지 못했던 다양한 사업기회를 접하게 된다.

많은 회사들이 "우리 회사는 시장지향적이다"라고 주장한다. 그렇지 않았다면 생존능력을 잃었을 것이고, 아마 시장에서 벌써 사라졌을 것이다. 그러나 시장지향전략은 이보다 한 발 더 나아가서, 모든 기업활동의 초점을 고객의 요구 및 시장의 발전추세에 맞춘다. 좀 더 구체적으로 말하면, 효과적인 시장지향전략은 아래의 세 질문에 대해 대답을 할 수 있어야 한다.

첫째, 우리에게 의미 있는 시장기회는 어디에 있는가?

둘째, 어떻게 하면 그러한 시장기회를 성공적으로 포착할 수 있는가? 즉, 어떻게 해야만 고객들의 욕구를 최대한 만족시키면서도 최고의 이익을 내고, 또 경쟁사에 대비한 지속적인 차별화를 달성할 수 있는가?

셋째, 시장중심적인 전략을 추구하기 위해서는 어떤 내부적인 조치가 필요한가?

다음의 사례들에서 알 수 있듯이 시장지향전략을 시행하는 길은 여러 가지다.

독일 서북부의 베스트팔렌(Westfalen) 지방의 귀터즈로(Gütersloh)라는 마을에 본사가 있는 베텔스만은 지난 60여 년 동안 성경책을 찍어내는 출판사에서 세계적인 종합미디어회사로 발전해왔다. 이 회사는 서적, 잡지, 텔레비전, 음악, 인터넷 등의 다양한 사업영역을 가지고 있으며, 1998년 초에 랜덤하우스(Random House)를 인수함으로써 세계 최대의 영어서적 출판사가 되었다. 1948년 이후 최근까지 베텔스만은 매년 평균 약 22퍼센트씩 성장해왔으며, 이 기간 동안 한 번도 외형이 줄어든 해가 없었다고 한다.

우리나라의 대표적인 식품회사인 CJ는 식품산업의 한계를 느끼고 오락산업, 생명공학, 유통 등으로 사업영역을 넓히고 있다. 반면에 유럽의 철강회사였던 프로이작(Preussag)은 본업인 철강산업의 어려운 시장상황을 알아차리고, 재빨리 관광회사로 변신하였다.

시장의 변화와 추세에 늘 관심을 기울이는 것 외에, 자사의 시장을 정의하고 발전시키는 것도 (제품, 고객집단, 지역) 시장지향적 전략의 빼놓을 수 없는 중요한 부분이다. 시장의 정의는 밖에서 주어지는 것이 아니다.

패션이라는 편익을 제공하는 스위스의 시계상표 스와치(Swatch)와 독일의 안경 할인점체인 필만(Fielmann)은 시장을 새롭게 정의하고 혁신적인 시장전략을 구사함으로써 그 전에는 없었던 새로운 세분시장을 창출해내었다. 이들은 이렇게 함으로써 시장상황을 근본적으로 바꾸어놓았다.

미국의 건설장비회사 캐터필러(Caterpillar)도 이와 비슷한 범주에 속한다. 이 회사는 전 세계에 흩어져 있는 자사의 모든 고객들에게 그들이 필요로 하는 부품을 24시간 내에 배달해주고 있다. 캐터필러의 이 전략으로 말미암아 이 업계의 성공요인이 제품에서 서비스로 바뀌고 말았다. 또한 캐터필러는 자기회사를 경쟁사들과 지속적으로 다르게 보이게 할 수 있었다. 왜냐하면 건설장비 자체는 비교적 쉽게 모방할 수 있지만, 전 세계를 덮는 물류시스템을 구축하는 데는 많은 시간이 걸릴 뿐만 아니라, 설사 시간과 돈을 투자한다고 해도 그러한 시스템이 만들어진다는 보장은 없기 때문이다.

또 스웨덴의 가구회사 이케아(Ikea)나 미국의 커피숍 체인인 스타벅스는 기술혁신이나 기술력이 아닌 철저한 고객지향정신을 바탕으로 시장을 새로 만들어내었고, 또한 그들이 창출한 시장에서 많은 이익을 올리고 있다. 반면에 무선통신, 자동차, IT 등의 산업에서는 사정이 전혀 다르다. 즉, 이런 분야에서는 기술이 성공의 바탕이다. 그러나 속도와 선발기업의 이점이 성패에 큰 영향을 미친다는 점에서는 두 경우 모두 마찬가지다.

그러면 성공적인 시장지향전략의 특징은 무엇인가? 이 전략을 잘 활용한 기업들의 경험으로부터 우리는 어떤 교훈을 얻을 수 있는가? 우리는 이 물음에 대한 답을 다음의 네 가지로 요약할 수 있다고 본다.

1 시장의 추세 및 고객의 욕구를 파악 또는 창출하고, 회사의 모든 활동을 철저하게 이러한 시장의 흐름과 고객의 욕구에 맞춘다.

시장중심으로 움직이는 회사는 관련 있는 시장의 추세를 체계적으로 분석하고, 의사결정을 하거나 프로젝트를 진행하는 데 있어서 어느 정도의 위험을 기꺼이 부담한다. 즉, 웬만한 정도의 실패율은 받아들일 각오가 되어 있다.

농심은 1970년대 초에 시장상황을 면밀히 검토한 끝에 뻥튀기 개념의 스낵이 장래성이 밝고 어린이들의 건강에도 좋을 것이라고 생각했다. 그리하여 뻥튀기의 공정을 대량생산이 가능한 방향으로 연구ㆍ개발할 것을 결심하였다. 그러나 농심은 스낵의 제조공정을 개발하는 과정에서 당시의 재력으로는 감당하기 어려울 만큼의 연구개발비를 지불해야 했다. 이때 실험용으로 쓴 밀가루만 해도 4.5톤 트럭 80대분에 이르렀다고 한다. 그러나 이 회사에는 이른바 '실패할 수 있는 자유(free to fail)'가 있었다. 즉, 연구개발 프로젝트의 수행과정에서 있을 수 있는 잘못이나 손실은 당사자에게 책임을 묻지 않고 일체 회사에서 흡수하는 조직분위기가 있었기 때문에 '새우깡'이라는 훌륭한 장수상품이 나올 수 있었던 것이다.

미국의 쓰리엠(3M)도 종업원들에게 그들에게 주어진 시간의 15퍼센트를 스스로 선택한 프로젝트를 추진하는 데 쓰라고 권하고 있다. 이렇듯 이 회사에는 위험을 감수하고 혁신을 추구하는 분위기가 있고, 바로 그 때문에 총매출에서 신제품의 판매가 차지하는 비중이 약 30퍼센트나 된다고 한다.

2 명확하고 시장지향적인 사업의 정의 및 (사업의) 포지셔닝을 한다.

사업을 올바르게 이해하고 정의하는 것은 전략의 기초이자 전략 기획의 출발점이다. 예를 들어 독일의 천공기 제조회사 힐티(Hilti)는 "우리는 구멍을 만듭니다"라는 말로 자사의 사업을 정의하고 있다. 이것은 제품이나 기술과는 상관없이 장기적 관점에서 내려진 뚜렷하면서도 시장지향적인 사업정의의 표본이다. 아마도 언젠가는 레이저, 물, 또는 초음파로도 구멍을 뚫게 될 것이다. 그러나 힐티는 기술이 아무리 바뀌더라도 고객들의 욕구를 계속 충족시킬 수 있을 것임에 틀림없다.

3 고객들이 얻고자 하는 핵심가치를 알아내고, 그들을 위해 그것을 창출·제공함으로써 경쟁사에 대비한 경쟁우위를 확보한다.

얼핏 보기에는 시장지향적인 것으로 보이는 전략을 추구하는 많은 회사들이 좋은 성적을 못 내고 있다. 그 까닭은 고객들에게 실질적인 가치와 효용을 제공하고 있지 않기 때문이다. 고객이 얻는 효용은 제품(루이뷔통(Louis Vuitton))일 수도 있고 서비스(캐터필러)일 수도 있으며, 또는 가격(월마트, 알디)일 수도 있다.

4 빨리 배우고 적응하는 능력을 키운다.

우리는 모든 것이 점점 더 빨라지는 시대에 살고 있다. 이러한 속도의 시대에서는 기업들 사이의 경쟁이 이제 시간경쟁이 되어가고 있다. 앞으로는 최소한 환경이 변화하는 속도만큼 빨리 적응할 수 있는 기업만이 살아남을 것으로 보인다. 또 어떤 경영자는 속도의 시대에서 학습능력의 중요성을 "미래의 회사가 갖게 될 유일한 경쟁우위는 경쟁사보다 더 빨리 배울 수 있는 경영자의 능력일 것이다"라고 표현한 바 있다.

그런데 과거에 시장에서 오랫동안 잘 해온 기업일수록 타성이 붙어 학습과 적응을 게을리하는 경향이 있다. 왜냐하면 위기가 닥치고 나서야 행동의 필요성을 느끼기 때문이다. 그러나 회사가 문제의 심각성을 알아차렸을 때는 이미 너무 늦은 경우가 허다하다. 그래서 경영자는 과거의 성공, 영광, 경험이 오히려 자신의 시야를 좁히고 생각을 가로막을 수 있다는 사실을 잊어서는 안 된다.

시장지향성은 밖에서 그냥 주어지는 것이 아니며, 모든 기업이 적극적으로 만들어가야 하는 것이다. 따라서 각 기업은 얼마만큼의 활동을 하여 어느 정도의 시장지향성을 갖추어야 하는지를 스스로 정해야 한다. 이럴 때 "시대의 추세에 따르지 않는 자는 시간과 더불어 사라진다"[11]라는 격언이 하나의 지침이 될 수 있을 것이다.

---

11) "Wer nicht mit der Zeit geht, geht mit der Zeit."

BSC(Balanced Score Card)

　　1990년대 초에 하버드 경영대학원의 로버트 카플란(Robert S. Kaplan)과 컨설턴트 데이비드 노튼(David P. Norton)은 12개의 대기업들과(보기 : 뒤퐁(DuPont), GE, 쉘(Shell)) 협력하여 이른바 BSC라고 불리는 새로운 전략적 통제도구를 개발하였다. 그들이 이것을 개발하려고 마음먹은 것은 지나치게 재무적 성과에 집착하는 그 당시의 경영풍조를 개선하고자 함이었다.

　　날이 갈수록 기업경영이 더 복잡해지면서 재무성과와 관련된 숫자들뿐만 아니라 다른 성공요인들도 측정할 수 있는 도구가 필요하게 되었다. 즉, 전략의 성패에 큰 영향을 미치는 고객, 시장, 관리과정, 그리고 종업원 등의 변수들을 그것들의 중요성에 걸맞게 더 깊이 고려해야 할 필요성이 대두되었다. BSC는 바로 이러한 업계의 요구에 대한 응답이다.

BSC의 주요목표는 기업의 전략을 의미 있고 측정할 수 있는 몇 개의 성공요인으로 나누는 것이다. 회사의 명확한 비전을 바탕으로 아래의 네 분야에서의 전략적 목표가 도출된다.

- 재무(보기 : ROCE(return-on-capital-employed))
- 고객/시장(보기 : 고객가치)
- 관리과정(보기 : 개발시간)
- 종업원(보기 : 종업원 만족)

이어서 이러한 목표들의 상호 인과관계를 밝히고, 목표들을 수치로 나타낼 수 있도록 조작적 정의를(operationalize) 한다. BSC의 개발단계는 다음과 같다.

- 회사의 비전과 전략을 개발한다.
- 관련사업부의 전략적 목표들을 도출하고 명확히 정의한다.
- 확정된 목표들을 〈그림 2-3〉과 같은 인과관계 모델에 끼워 놓는다.
- 목표의 조작적 정의와 그것의 척도(measure)를 확정한다.
- 이들 목표를 얼마나 달성했는가를 알 수 있게 해주는 숫자로 된 지표들을 개발한다.

• 실행계획을 세우고 피드백 절차를 개발한다.

　실제로 BSC기법을 도입했던 회사들은 다음과 같은 전략적 개선이 이루어졌다고 이야기하고 있다.

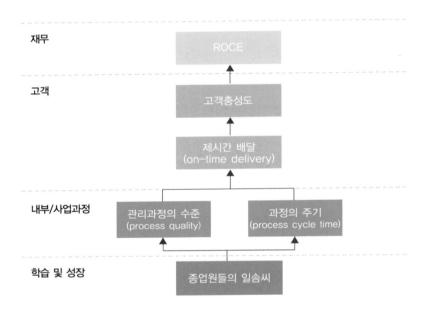

〈그림 2-3〉 BSC를 개발할 때의 인과관계

1 비전/전략을 명확하고 측정 가능한 목표들로 나눌 수 있다.

최고경영자가 비전을 제시하고, 그것을 바탕으로 회사의 전략적 핵심목표들을 끌어낼 수 있었다.

이러한 과정에서 회사는 모두 16개의 목표에만 초점을 맞추었다 (4개의 각 분야에 각각 4개의 목표). 그리하여 전략개발의 복잡성이 크게 줄어들었다.

2 재무, 내부, 시장관련 지표들 사이의 균형을 맞춘다.

내부 및 외부 통제변수들을 이렇게 골고루 보는 것이 BSC의 핵심이다. 이제는 재무관련 수치들만 주목을 받지 않는다.

3 투명성이 높아지고, 전략 · 목표에 대한 공감대가 이루어진다.

경영진들이 업계와 회사내부에서 무엇이 가치를 창출하는가에 대해 열띤 토론을 벌인 결과, 중요한 목표들과 통제변수에 대해서 광범위한 합의가 이루어졌다.

또한 이러한 투명성은 각 목표들 사이의 상호관계를 공통적으로 이해하는 데 큰 도움을 주었다. 이것은 BSC과정의 매우 중요한 성과이다.

4 종업원들이 잘 받아들이고 그들의 동기를 유발하며, 그들이 애정을 갖는다.

여러 경영워크숍에서 많은 논의를 하였기 때문에 스코어카드는 종업원들도 잘 받아들였다. 또한 이러한 현상은 궁극적으로 회사의 분위기를 더 열린 문화로 만드는 데 도움이 되었다.

5 고객들의 충성도가 높아진다.

고객 분야에서의 중요한 전략적 목표는 그들의 충성도를 높이는 것이었다. 적당한 조치를 취한 결과 고객이탈률은 크게 줄어들었다. 이것은 또 기업가치의 상승으로 이어졌다.

6 전략적 학습효과 및 지속적인 피드백

회사가 취하는 여러 가지 조치의 현재상태와 결과는 지속적으로 커뮤니케이션되어야 한다. 그래야만 경영자가 필요에 따라서 적당한 행동을 할 수 있을 것이다. 이러한 피드백과정과 그에 따른 학습효과는 성공적인 시행의 필수요소다.

BSC개념을 성공적으로 활용하기 위해서는 재무분석의 도구들 외에 소프트한 정성적 방법들도 쓸 필요가 있다. 비전/전략 워크숍, 종업원들과의 면담, 만족도 측정, 혁신서클(innovation circles), 포커스 그룹 또는 관리과정 분석(process analysis) 등이 이에 속한다.

이러한 도구들은 경영자가 중요한 통제변수들을 확정하는 데 도움이 된다. 그러나 가장 결정적인 성공요인은 참가하는 모든 사업부들의, 특히 고위경영자들의 확신과 확고한 의지다. 그런데 이들의 전폭적인 지지를 얻기 위해서는 흔히 전통적인 통제변수 이외의 것을 쓰는 데에 대한 심리적인 장벽을 초기에 먼저 무너뜨려야 한다. 왜냐하면 BSC의 진가는 바로 이러한 기본적인 조치를 취하고, 전략을 세우고 시행하는 과정이 근본적으로 달라진 다음에야 드러나게 되어 있기 때문이다.

최신 장비와 시설을 갖춘 환경에서 동기유발이 되지 못한 직원들이 일할 때보다, 비록 기계는 낡고 공장은 허름할지라도 직원들이 신나게 일할 때가 효과와 효율 면에서 훨씬 낫다.
                                              – 라인홀트 뷔르트(Reinhold Würth)

3장

전략과 경쟁

전략적 경쟁우위의
정의와 원리

전략적 경쟁우위의 정의

기업의 성패는 오로지 시장에서 결정된다. 따라서 기업이 기술이나 생산 또는 다른 면에서 아무리 뛰어난 강점을 가지고 있다 하더라도 그러한 강점을 시장에서 살리지 못하면 의미가 없다. 다음의 보기들을 보자.

1950년대 후반에 독일의 지멘스(Siemens)는 IBM보다 훨씬 뛰어난 컴퓨터 기술을 가지고 있었다. 그래서 IBM은 지멘스의 라이센싱을 얻으려고 애썼다. 그러나 당시 IBM의 회장 왓슨은 판매와 유통, 그리고 고객관리를 기술혁신보다 더 중요시했다. 후에 그는 IBM의 이러한 마케팅 지향정신이 경쟁사들을 물리친 큰 힘이었다고 회고

한 바 있다.

전자타자기도 유럽의 올림피아, 올리베티, 트리움프-아들러 등이 일본의 회사들보다 먼저 개발했다. 그러나 세계시장은 일본회사들이 제패하였다.

VCR시장에 있어서도 소니(Sony)의 베타방식이나 필립스/그룬디히의 비디오시스템 2000이 마쓰시타의 VHS시스템보다 기술적으로 더 낫다고 전문가들은 말한다. 그러나 공격적인 라이센싱 정책을 바탕으로 한 마쓰시타의 적극적인 시장침투전략으로 결국 VHS시스템이 세계시장을 석권하였다.

일본에서 독일맥주는 거의 신화적인 명성을 날리고 있다. 그러나 이 일본시장에서 미국의 맥주회사 안호이저-부쉬는 독일에서 수입된 맥주를 모두 합친 양의 거의 갑절을 팔고 있다.

1990년대에 마이크로소프트는 워드스타(Wordstar), 하버드 그래픽스(Harvard Graphics), 로투스 1-2-3 등과의 경쟁에서 이겼다. 이것은 마이크로소프트의 소프트웨어가 더 좋기 때문이 아니라, 이 회사의 강한 시장지배력 및 스마트한 묶어팔기(bundling)전략 덕분에 (이 회사의) 제품이 시장의 표준(standards)이 되었기 때문이었다.

위와 비슷한 사례들은 이밖에도 심심치 않게 눈에 띈다. 그러면 이런 보기들이 우리들에게 주는 교훈은 무엇인가? 그것은 한마디로 "자기 회사의 강점을 시장에서의 경쟁우위로 발전시키는 회사만이 이긴다"는 것이다. 그러나 이러한 이야기는 그다지 새로운 것이 아니다. 그럼에도 불구하고 왜 이러한 교훈이 새삼 문제가 되는 것일까? 그것은 많은 기업들이 나라 안팎에서 국제화, 소비자 욕구의 다양화, 성장의 둔화, 공급과잉, 비슷해지는 품질수준 등의 문제에 부딪치고 있기 때문이다. 이러한 시장상황이 기업에게 주는 시사점은 "많은 산업에서 경쟁의 강도는 더욱 높아질 것이다", "이러한 상황에서 기업이 살아남으려면 반드시 차별화된 경쟁우위를 갖추어야 한다" 등 두 가지다.

그러면 이러한 상황 아래서 현대의 기업들은 어떤 생각의 틀을 가지고 경영에 임해야 하는가? 이 질문에 대한 답을 찾기 위해 먼저 마케팅 위주 경영을 주창하는 학자들의 기본철학을 되새겨볼 필요가 있다. 그들이 하는 말의 내용은 대체로 다음과 같다.

- 기업의 가장 중요한 기능은 고객을 만족시키는 것이다. 따라서 기업은 판매를 늘리기보다는 전반적인 고객들의 만족도를 높임으로써 이익을 늘리려고 해야 한다.
- 사업이란 근본적으로 고객을 만족시키는 과정이다.

이러한 마케팅 위주 경영의 기본명제는 상황이 아무리 바뀌어도 물론 변함이 없다. 그러나 현대의 시장상황에 비추어볼 때 이러한 명제는 조금 수정되어야 한다. 즉, 경쟁의 시대에서는 고객들 못지 않게 경쟁사들이 (시장에서의) 기업의 성과에 큰 영향을 미친다는 사실을 고려해야 한다. 그래서 일본의 세계적인 컨설턴트 오마에는 '우리 회사·고객·경쟁사'로 이루어지는 전략 삼각형이라는 개념을 제시한 바 있다(〈그림 3-1〉).

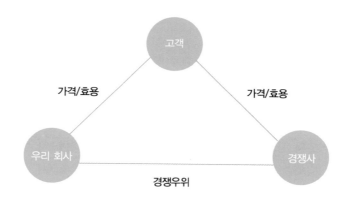

〈그림 3-1〉 전략 삼각형

이것은 곧, 성공을 거두려면 기업은 전략 삼각형을 구성하는 세 주역과 그들 사이의 관계를 두루 다 잘 알아야 한다는 것이다. 전통적인 마케팅에서는 주로 '고객-우리 회사'의 관계만 강조했으나 이제 그것만으로는 부족하다. 경쟁의 시대에서는 경쟁사들보다 더 잘해야 한다. 우리는 이러한 생각을 담고 있는 전략 삼각형의 개념이 경쟁의 시대에 적합한 생각의 틀이라고 생각한다.

그러면 이러한 시대에 기업은 어떠한 전략적 경쟁우위를 가지고 있어야 하는가? 그것은 다음의 세 가지 요건을 갖추어야 한다.

- 고객이 중요하다고 생각하는 부문에서 강해야 한다.
- 기업이 갖추고 있는 우위를 고객들이 사실대로 인식해야 한다.
- 경쟁사가 쉽게 따라잡을 수 없는 부문에서 강해야 한다.

예를 들어 어느 식품회사가 자사제품의 포장을 크게 개선했는데, 고객들에게는 포장이 그다지 중요하지 않다고 하자. 이 경우에 '개선된 포장'은 전략적 경쟁우위가 될 수 없다. 또 높은 품질의 제품을 생산하는 회사가 있다고 하자. 그런데 고객들이 이러한 높은 품질을 인식하지 못하고 있으면, 여기서도 '높은 품질'은 전략적 경쟁우위가 못 된다. 그리고 만일 어떤 회사가 낮은 원가에 바탕을 두지 않은 채 일방적으로 자사제품의 값을 내린다면, 여기서도 전략적 경쟁우위는 생기지 않는다. 왜냐하면 경쟁사들도 쉽게 값을 내릴 수 있고 또 그렇게 할 것이기 때문이다.

그러면 왜 전략적 경쟁우위란 개념이 문제되는가? 그것은 치열한 경쟁에서 장기적으로 살아남으려면 기업은 전략적 경쟁우위로 내세울 수 있는 것을 적어도 하나는 반드시 가지고 있어야 하기 때문이다. 이 원리의 의미는 다음과 같은 질문을 던져보면 지극히 명백해진다.

"여기 한 회사가 있다. 그런데 이 회사는 고객이 중요시하는 여러 가지 부문에서 다른 회사보다 나은 점이 하나도 없다. 그렇다면 고객들이 이 회사에 왜 애착을 갖겠는가?"

진화론에도 이와 비슷한 '가우스의 상호배척의 원리'란 것이 있다. 이 원리에 따르면 어떤 종류의 생물이든지, 살아가는 데 중요한 활동 가운데 적어도 하나는 적보다 더 잘해야 장기적으로 살아남을 수 있다고 한다. 예를 들어 적보다 더 빨리 뛸 수 있는가, 더 높이 오를 수 있는가, 더 깊이 구멍을 파고 들어갈 수 있는가 하는 것이다.

경쟁도 마찬가지다. 경쟁이 진화처럼 근본적으로는 거르는 과정이며 생존을 위한 싸움이라는 것을 생각하면 이 두 원리는 서로 상통하는 면이 있다고 할 수 있다. 그러면 기업이 전략적 경쟁우위를 창출하고 방어하려면 어떤 요건들을 갖추어야 하는가?

知彼(=상대방을 알아야 함)의 원리

전략적 경쟁우위를 창출하고 방어하려면 무엇보다도 먼저 상대방을 잘 알아야 한다. 경쟁사의 강점과 약점을 알고 있어야만 어떤 부문에서 우리가 경쟁우위를 갖출 수 있고, 또 우리의 어떤 부문이 위협을 받고 있는가를 헤아릴 수 있기 때문이다. 이것은 고객들 못지않게 경쟁사들이 우리 회사가 거두는 성과에 큰 영향을 미치므로 고객조사에 치중하는 전통적인 시장조사만큼이나 경쟁사 조사가 중요하다는 뜻이다. 중국의 손자(孫子)는 이미 약 2,500년 전에 "적을 알고 나를 알면 백 번 싸워도 위태하지 않다. 그러나 적을 모르고 나를 알면 이길 확률과 질 확률이 똑같다. 그리고 적을 모르고 나도 모르면 싸울 때마다 반드시 진다"[12]라는 말로 이러한 경쟁자 조사의 필요성을 표현한 바 있다.

우리는 다음 장에서 경쟁사 정보의 중요성과 경쟁사 조사의 방법을 좀 더 자세히 논의하고자 한다.

기회의 원리

그러면 기업은 도대체 어디서 전략적 경쟁우위를 갖추어야 하나? 이론적으로는 소비자들이 중요하게 생각하는 부문의 숫자만큼 전략적 경쟁우위를 창출할 수 있는 기회가 있다고 할 수 있다. 따라서 우리는 다음과 같은 부문 하나하나가 모두 회사에게 경쟁우위를 제공할 수 있는 가능성을 가지고 있다고 본다.

- 가격/원가
- 서비스
- 제품의 품질
- 이미지/상표
- 혁신성
- 유통경로

---

12) 원문은 아래와 같다.
知彼知己면 百戰不殆하고 不知彼而知己이면 一勝一負하며 不知彼不知己면 每戰必敗니라.

구체적으로 어떤 부문에서 경쟁우위를 창출할 수 있는가는 물론 제품마다, 그리고 시장마다 다를 것이다. 그런데 경영자는 어떤 부문에서 자사의 경쟁우위를 키울 수 있는가를 생각할 때 자사, 경쟁사 또는 미래의 제품을 핵심편익, 유형제품, 포괄제품의 세 차원에서 바라볼 필요가 있다(〈그림 3-2〉 참조).

　왜냐하면 시각을 핵심편익 또는 유형제품에만 고정시키면 경쟁우위를 개발할 수 있는 여지가 그다지 많지 않기 때문이다. 더구나 이제 대다수의 산업에서 제품의 품질은 거의 비슷해지고 있고, 소비자들의 핵심편익은 거의 충족되고 있으므로 핵심편익과 유형제품의 차원에서 차별화된 경쟁우위를 만들어내기는 앞으로 더 힘들어질 것이다.

　그러나 포괄제품의 차원에서 보면 차별화할 수 있는 여지가 상대적으로 훨씬 더 많다(보기 : 이미지, 서비스의 질, 서비스망, 고객과의 관계). 일본 고베대학의 다무라 교수는 "새로 발생하는 시장기회는 주로 제품의 물적 요소가 아닌 서비스 요소에서 찾을 수 있을 것이다"라고 비슷한 말을 하고 있다.

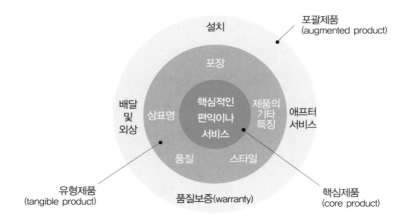

설치

포괄제품
(augmented product)

포장

핵심적인
편익이나
서비스

제품의
기타
특징

배달
및
외상

상표명

애프터
서비스

품질

스타일

유형제품
(tangible product)

품질보증(warranty)

핵심제품
(core product)

〈그림 3-2〉 제품의 세 차원

경쟁의 시대에서는 기업의 모든 구성원들이 이렇게 제품을 여러 각도에서 바라보면서 끊임없이 상상력과 창의력을 발휘하여 아직 아무도 활용하지 않은 경쟁우위 창출의 기회를 파악하고 포착하는 데 힘을 기울여야 한다.

집중의 원리

모든 기업의 자원은 한정되어 있으므로 경영자는 자사의 전략적 경쟁우위로 키울 수 있는 부문 가운데 몇 개만을 정선하여 이곳에 집중해야 한다. 집중하지 않고 자원을 여러 군데에 분산시키면 어느 한 부문에서도 경쟁사를 이길 수 없다. 경영자는 이러한 집중의 원리가 지켜지고 있나 알아보기 위해 "우리 회사의 전략적 경쟁우위는 무엇인가?" 하고 스스로에게 물어볼 필요가 있다.

만일 이 질문에 대한 대답이 금방 나오지 않는다면 경영자는 이것을 (우리 회사는) 뚜렷한 경쟁우위가 없다는 증거로 보아도 좋을 것이다. 반면에 우수하다고 일컬어지는 회사들은 대부분 다음에서 보는 바와 같이 몇 개의 눈에 띄는 우위를 가지고 있다.

- 삼성전자 : 품질, 디자인, 생산능력
- 오뚜기 : 막강한 판매조직, (낮은 원가에 바탕을 둔) 낮은 가격
- 메르세데스-벤츠 : 품질, 위신
- 스타벅스 : 독특한 스타일과 분위기
- 루이뷔통 : 유행을 초월한 훌륭한 상품, 뛰어난 상표 이미지
- 소니 : 혁신성, 소형화
- IBM : 서비스, 고객을 위하는 정신, 신뢰
- 마이크로소프트 : 업계 표준, 널리 쓰이고 있음
- BMW : 스포티한 멋, 기술
- 월마트 : 낮은 가격, 친절한 종업원, 방문하기 쉬운 곳에 위치

이러한 경쟁우위는 신중하게 선택한 부문에 과감히 힘을 쏟아야만 달성할 수 있다.

일관성의 원리

우리는 방금 소수의 정선된 부문에 기업의 자원이 집중되어야 한다는 집중의 원리를 논하였다. 그러면 기업은 어떤 부문에 힘을 쏟아야 하고 또 어떤 부문에는 상대적으로 힘을 덜 기울여도 되나? 여기서 나오는 것이 바로 일관성의 원리이다. 이것은 한마디로 고객이 중요하게 생각하는 정도에 따라 기업의 자원이 배분되어야 한다는 것이다. 즉, 기업은 가능하면 고객이 중시하는 부문에 자원을 많이 투입하여 그곳에서 좋은 성과를 올리도록 노력해야 하고, 그로 말미암아 그렇지 않은 부문에서 성과가 상대적으로 낮아지더라도 이를 감수해야 한다는 것이다. 바꿔 말하면, 기업은 고객에게 중요한 부문을 골라 이곳에서 전략적 경쟁우위를 갖추도록 해야 한다는 뜻이다.

이와 관련하여 기업은 경쟁위치도(competitive position map)란 것을 만들어볼 필요가 있다. 경쟁위치도는 각 부문의 위치를 그 중요성과 그곳에서의 기업의 성과에 맞게 표시해놓은 그림을 말한다.

〈그림 3-3〉은 우리나라의 어느 패션회사의 경쟁위치도를 보여주고 있다. 그림에서 수평축은 각 부문의 (다른 부문에 대비한) 상대적 성과(relative performance)를, 그리고 수직축은 (각 부문의) 상대적 중요성을 각각 나타낸다. 그림에서 보다시피 이 회사는 대리점, 직영점 등의 유통망을 비교적 잘 관리하고 있고 또 이러한 면을 고객들은 중요시하고 있다. 그래서 유통망 관리능력은 이 회사의 전략적

경쟁우위라고 말할 수 있다.

　그러나 한편 고객들이 매우 중요시하는 품질, 제품디자인, 가격 등의 면에서 이 회사는 큰 약점을 지니고 있다. 또 판매 후 서비스도 그 중요성에 비해서는 지극히 소홀히하고 있다. 반면에 고객들에게는 그 중요성이 상대적으로 떨어지는 광고, 판매촉진, 실내장식, 진열 등에는 필요이상으로 투자를 많이 하고 있다. 따라서 이런 부문에 투입되고 있는 자원의 일부를 품질, 디자인, 가격, 판매 후 서비스 등에서의 경쟁력을 강화하는 데 쓰는 것이 이 회사가 나가야 할 방향이다.

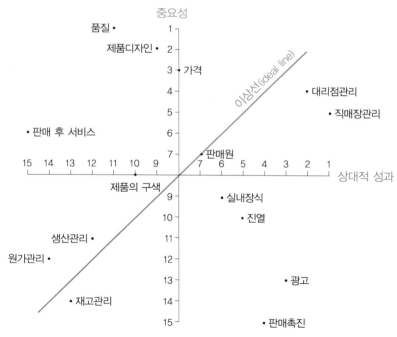

〈그림 3-3〉 우리나라의 어느 패션회사의 경쟁위치도

이상적인 경우에는, 즉 일관성의 원리가 완벽하게 지켜지는 경우에는 모든 부문이 그림에서 이상선(ideal line)이라고 표시된 선 위에 위치할 것이다.

인식의 원리

끝으로 어느 회사가 지금까지 제시한 여러 원리에 맞게 자사의 경쟁우위를 구축하였다고 하자. 그러나 고객들이 이 회사의 그러한 경쟁우위를 모르거나 또는 인정하지 않는다면 그것은 (이 회사가) 시장에서 성공을 거두는 데 큰 도움을 못 준다. 우리는 이 장의 첫머리에서 기술적으로 훌륭한 제품이 시장에서 실패한 보기를 몇 개 든 바 있다. 특히 기술지향적인 회사는 기술적으로 뛰어난 자사의 제품이 저절로 잘 팔리지 않고, 피나는 마케팅 노력이 있어야만 그러한 기술적 강점이 시장에서의 경쟁우위로 전환된다는 사실을 쉽게 받아들이지 못한다.

거꾸로 우리가 아는 여러 훌륭한 회사는 제품과 기술위주가 아닌 철저한 고객위주 또는 응용위주(application-oriented)의 정책으로 성공을 거두고 있다 (보기 : 구글, IBM). 〈그림 3-4〉는 이러한 기술적/객관적 및 주관적/인식된 경쟁우위와 관련하여 있을 수 있는 네 가지 경우를 보여주고 있다. 그림에 있는 각 경우에 기업이 취할 수 있는 대안은 다음과 같다.

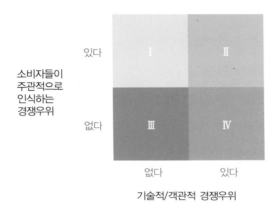

＜그림 3-4＞ 기술적/객관적 및 주관적/인식된 경쟁우위

I : 단기적으로는 현재의 커뮤니케이션전략을 유지하면서 꾸준히 기술적·객관적 경쟁우위를 갖추려는 노력을 하여 궁극적으로는 II의 위치로 옮겨가야 한다.

II : 이것은 이상적인 위치다. 회사는 자사의 현재의 위치를 능동적으로 유지하고 방어해야 한다.

III : 기술적·객관적 경쟁우위를 창출하려는 노력과 그러한 경쟁우위를 고객들에게 잘 알리려는 노력을 동시에 해야 한다. 만일 이렇게 할 수 없으면 회사는 철저한 원가관리에 바탕을 둔 저가정책으로 나가는 수밖에 없다.

IV : 전반적으로 회사의 고객지향정신을 높이고 자사가 가지고 있는 강점을 좀 더 적극적으로 고객들에게 알려야 한다.

우리는 이 장에서 전략적 경쟁우위의 의의와 그것을 갖추려고 할 때의 기본원리를 논의하였다. 경쟁에서는 절대적인 성과가 문제가 아니다. 상대방보다 더 낫고 더 빨라야 하는 것, 그것이 바로 경쟁이다. 이러한 경쟁의 의미를 서양의 한 우화를 통해 되새기면서 이 장을 마치기로 한다.

　　두 사냥꾼이 길을 가고 있었다. 그런데 어디선가 갑자기 커다란 곰이 나타났다. 그러자 한 사람은 재빨리 자기의 운동화 끈을 조이기 시작했다. 이것을 본 다른 한 사람이 의아해하며 말했다.
　　"그건 해서 뭐하니? 어차피 곰이 너보다 빠를 텐데."
　　그러자 처음 사람이 대답했다.
　　"곰보다 빠를 필요는 없어. 나는 너보다 빠르기만 하면 되니까."

경쟁사 정보

앞 장에서 우리는 전략적 경쟁우위의 첫 번째 원리로 '경쟁사의 이해'를 꼽았다. 그 까닭은 경쟁에서 이기려면 무엇보다도 먼저 상대방을 잘 알아야 하기 때문이다. 그러나 현재 우리나라에는 경쟁사들에 관한 조사를 지속적이고 체계적으로 하는 회사가 그다지 많지 않다. 물론 소비자조사도 제대로 못하고 있는 상황에서 경쟁사 조사까지 철저하게 하라고 요구하는 것은 조금 무리일지도 모른다. 하지만 경쟁의 시대에 경쟁사 조사는 필수다.

한때 일본회사들이 카메라, 모터사이클 등의 산업을 석권하고 있을 때, 일본의 컨설턴트인 오마에는 구미의 기존회사들이 일본회사들을 잘 몰라서 효과적으로 그들의 공격을 막고 반격에 나서지 못하고 있다고 하면서 "결론적으로 말해, 일본이 비교적 쉽게 정복한 모든 시장에서 미국과 유럽의 회사들은 새 경쟁상대가 된 일본회사들에 대해서 거의 아는 바가 없었다"라고 말한 바 있다.

또 어떤 회사의 최고경영자는 자기 회사의 전략기획과정에 대해 "우리가 가장 약했던 부분은 (현재의 그리고 잠재적) 경쟁사들을 현실적으로 평가하는 것이었다"라고 이야기한다.

독자들은 우리 회사는 과연 어떤가 하고 한번 생각해보기 바란다. 아마 경쟁사 조사라는 면에서 자신 있게 대답할 수 있는 회사는 별로 많지 않을 것이다. 그래서 이 부문의 중요성을 일깨우기 위해 경영자는 회사의 임직원들을 대상으로 다음과 같은 조사를 해보는 것이 좋다.

- 우리는 경쟁사들에 관해 구체적으로 어떤 정보를 가지고 있어야 하나?
- 각 정보의 중요성은 어느 정도인가?
  (1 = 별로 중요하지 않다 ~5 = 아주 중요하다)
- 각 정보를 우리는 얼마나 가지고 있나?
  (1 = 거의 가지고 있지 않다 ~5 = 필요한 만큼 가지고 있다)

이러한 조사의 결과, 이상적으로는 정보의 중요성을 나타내는 금 (line)과 (정보의) 보유를 가리키는 금이 거의 일치하는 것이 좋다. 즉,

각 정보의 중요성에 걸맞게 회사가 정보를 보유하고 있는 것이 가장 이상적인 상태다. 그런데 많은 경우 경쟁사의 기본전략, 연구개발전략, 원가상황 등에 관한 정보가 유난히 부족하다(〈그림 3-5〉 참조). 물론 이런 것들이 가장 입수하기 어려운 정보이기는 하지만, 또한 장기적으로 결정적인 도움을 주는 정보이기도 하다. 또 경영이란 어차피 사람이 하는 것이므로 상대회사의 주요 인물들에 관해서도 가능한 한 자세히 알고 있어야 한다(보기 : 그들의 동기, 능력, 성장과정, 과거의 업적 등). 이렇게 되면 그들의 행동 및 그 회사의 전략과 전술을 어느 정도 예측할 수 있다.

어쨌든 위와 같은 조사를 통해 경영자는 자사의 임직원들에게 경쟁사 정보의 중요성과 필요성을 일깨움과 동시에, 특히 어떤 정보가 그 중요성에 비해 모자란지 알 수 있다.

그런데 우리들의 경험에 따르면, 실제 문제는 정보의 부족이 아니라 정보를 체계적으로 수집 · 정리 · 분석하는 시스템이 없다는 것이다. 경쟁사에 관한 자료는 회사의 여기저기에 널려 있는데, 그것을 정리 및 분석해서 의사결정에 활용하는 시스템이 없다. 즉, 자료는 많은데 정보는 없는 것이다. 그래서 이러한 문제를 해결하기 위해 해외의 회사들이 취하고 있는 조치를 몇 가지 소개하기로 한다.

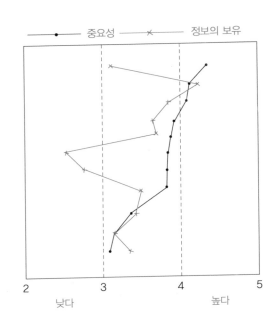

기본전략
제품의 품질
가격정책
유통정책
시장세분화/포지셔닝/이미지
R&D 전략
원가상황
제품기술
임원진
공정기술
재력

중요성 ————●———— 정보의 보유 ————×————

2   3   4   5

낮다   높다

〈그림 3-5〉 경쟁사에 관한 정보

1 경쟁사 정보를 전담하는 참모부서의 설치

경쟁사에 관한 정보를 체계적·능동적으로 수집하고 이것을 정리, 해석하여 경영진에 보고하는 부서를 설치한다.

2 각 부서에 경쟁사 정보 담당직원을 지명

마케팅·연구개발·기획실 등 각 부서의 한두 사람을 경쟁사 정보담당으로 지명한다. 이들은 자신들의 본래의 업무 외에 경쟁사 내의 똑같은 부서에 관련된 정보를 수집하는 책임도 맡는다.

3 전담직원의 임명

회사의 주요 경쟁사 하나하나에 대해 각 회사를 담당할 직원을 임명한다. 이렇게 임명된 직원은 자기가 맡은 경쟁사를 체계적으로 관찰하고 그 회사에 관한 필요한 모든 정보를 수집한다.

4 경쟁사의 전략을 토의하는 특별반의 설치

각 주요 경쟁사에 대해 특별반을 하나씩 만들어 이들로 하여금 자기들이 맡은 회사의 전략을 정기적으로 논의하게 한다. 이 과정에서 각 팀의 구성원들은 모든 것을 경쟁사의 관점에서 생각하고 분석하는 기회를 갖게 된다. 이렇게 상대방의 처지에서 상황을 바라보고 전략을 세워보는 훈련은 경쟁사들의 전략과 반응을 미리 고려한 자사의 전략을 세우는 데 큰 도움이 된다. 또한 같은 사람들이 매년 똑같은 경쟁사에 대해 연구를 하게 됨으로써 자연히 자신들이 맡은 회사에 대해서는 매우 잘 알게 된다.

회사는 이렇게 체계적이고 적극적으로 경쟁사 정보를 관리하되, 법률이 허용하는 범위 내에서 가능한 모든 정보의 원천을 활용해야 한다. 특히 회사의 영업사원들은 영업을 하는 과정에서 접하는 정보가 엄청나게 많다. 회사 차원에서 그러한 정보가 수시로 원활하게 처리되어야 함은 말할 것도 없다.

예를 들어, 어느 자동차회사의 영업담당임원이 유럽에 있는 모든 판매법인에게 각 지역의 주요 경쟁사들에 관한 정보를 모두 제출하라고 지시한 적이 있었다. 몇 주 후에 이 임원은 경쟁사 정보로 가득찬 폴더를 무려 25개나 갖게 되었다. 그러나 체계적으로 정리되거나 분석된 것은 아무것도 없었다. 많은 시간과 노력을 들이고 나서야 그는 간신히 이 자료의 홍수로부터 정말로 중요한 정보를 건질 수 있었다고 한다.

인터넷은 정보를 매우 쉽게 수집할 수 있게 해준다. 그러나 기업은 누구나 접근할 수 있는 사이트들만 검색해서는 안 된다. 비싸기는 하지만 아주 자세하고 값어치 있는 정보를 제공해주는 특수 사이트들도 있다. 인터넷은 정보를 찾는 사람들로 하여금 질보다는 양에 치중하게 하는 경향이 있다.

공급회사들과 고객들도 매우 귀중한 정보의 원천이다. 기업이 업무를 진행하다 보면 경쟁사가 큰 흥미를 갖게 될 정보를 고객이나 공급회사에게 주게 되는 경우가 있다. 공동개발이나 혁신을 위한 전략적 조달, 또는 개발에 앞서 행해지는 고객효용조사 등이 그러한 상황의 보기들이다. 또 협회와 언론도 경쟁사 정보의 보물창고이다. 특히 유용한 것은 경쟁사가 위치한 주요 지역의 현지언론이다. 왜냐하면 사업장의 확장이나 폐쇄, 고용인원의 확대ㆍ축소, 또는 특별허가 신청 등의 사안은 흔히 현지에서 먼저 보도되기 때문이다. 기업이 이러한 정보를 바탕으로 경쟁사의 전략을 유추해볼 수 있음은 말할 것도 없다. 또한 경쟁사 제품을 시험하고, 직접 써보는 것, 그리고 분해해서 구조를 파악하는 이른바 역설계(reverse engineering)도 빼놓을 수 없는 경쟁사 조사의 방법이다. 이밖에 경쟁사의 경영자나 전문가를 스카우트하거나 전략적 제휴, 상호협조 관계를 맺는 것도 생각해볼 수 있다.

그런데 우리가 어떤 방법을 써서 경쟁사 조사를 하든지 간에 잊지 말아야 할 것이 하나 있다. 그것은 경쟁사도 우리가 쓰는 것과 똑같은 방법으로 우리 회사에 관한 정보를 조사할 수 있다는 것이다. 이 점을 잘 이해하면 할수록 우리는 우리 회사를 더 잘 보호할 수 있다. 두말할 것도 없이 합법적인 경쟁사 조사와 불법적인 산업스파이 활동 사이의 담은 그다지 높지 않다. 여기서도 경쟁사에 대한 품격 있는 전략이 요구된다고 하겠다.

지금까지 우리는 경쟁사 정보의 중요성과 경쟁사 조사의 방법을 살펴보았다. 그런데 여기서 꼭 강조하고 싶은 것이 하나 있다. 그것은 바로 경쟁사 정보가 자기 회사의 창의력을 대체하거나 결정적인 아이디어를 제공해주는 원천이 되어서는 안 된다는 것이다.

경쟁사 정보는 우리가 경쟁사를 얕보거나, 너무 늦게 반응하거나, 또는 중대한 실수를 범하는 등의 일을 방지하는 데 도움이 된다. 그러나 그것만으로는 선두가 될 수 없다. 예술이나 학문과 마찬가지로 기업경영에서도 자기의 아이디어는 없고, 남의 것을 베끼거나 모방만 해서는 앞서가는 기업을 절대로 따라잡을 수 없는 것이다. 더욱

이 경쟁사가 어떻게 하는가를 자기 회사의 행동지침으로 삼으려고 하면 경쟁사 정보가 오히려 해가 될 수 도 있다. 특히 상대방이 막강한 회사이거나 우리같이 선진국의 기업들과 싸워야 하는 경우에는, 경쟁사가 하는 모든 일을 굉장한 것으로 생각하는 때가 많다. 그러나 원숭이도 나무에서 떨어지듯이 선두기업도 실수할 때가 있고, 경쟁사가 하는 일이 우리에게 맞는다는 보장도 없다.

경쟁사 정보 또는 선진국 기업의 경영방식은 우리가 활용해야 하는 많은 정보의 일부에 지나지 않는다는 것을 우리는 잊지 말아야 한다. 남을 연구하고 남에게서 배우는 궁극적인 목적은 우리에게 맞는 우리 나름의 길을 찾기 위함이다.

경쟁에서 이기려면 우선 상대방을 잘 알아야 한다. 그러나 이런 평범한 진리를 우리는 잊고 지내는 때가 많다. 그래서 우리는 우리가 이 글에서 이야기한 세 가지 요점을 경영인들이라면 꼭 염두에 두도록 다시 한 번 권하는 바이다.

- 경쟁사 조사는 고객조사만큼이나 중요하다.
- 경쟁사 정보를 체계적으로 관리하는 시스템이 필요하다.
- 경쟁사 정보가 우리의 창의력을 대신해서는 안 된다. 우리는 우리가 가야 할 길을 스스로 찾아야 한다.

공격할 때와
방어할 때의 지침

앞에서 우리는 회사가 전략적 경쟁우위를 갖추려고 할 때 반드시 알아두어야 하는 몇 개의 기본원리를 논의했다. 그런데 회사가 공격을 할 때와 방어를 할 때 경쟁우위가 하는 구실은 서로 다르다. 그래서 이 장에서는 공격할 때와 방어할 때의 몇 가지 지침을 다루기로 한다.

공격할 때

대체로 공격은 방어보다 어렵다. 왜냐하면, 공격의 대상인 회사들은 일찍이 자리를 잡은 까닭에 최소한 시장에 이미 알려져 있다는 이점이 있기 때문이다. 또한 많은 경우 상당수의 고객들이 이들에 대해서 이미 호감(goodwill)을 가지고 있다. 따라서 공격을 하는 회사는 일단 불리한 위치에서 시작하는 것이다. 그래서 공격하는 회사는 이러한 불리한 점을 메울 수 있도록 고객들에게 값에 비해 더 좋은 성과, 즉 더 많은 가치를 제공하는 것이 필수다. 예를 들어, 잘 알려지지 않은 신제품이 소비자를 끌려면 성능(performance)이나 가격면에서 이미 나와 있는 제품들보다 특별히 나은 점이 있어야 한다. 그렇지 않으면 소비자들은 현재 쓰고 있는 제품을 다른 것으로 바꿀 필요성을 거의 못 느낄 것이다. 성공한 신제품 50개와 실패한 신제품 50개를 분석한 데이비슨(Davidson, 1976)의 연구는 이 말이 옳다는 것을 실증적으로 뒷받침하고 있다.[13] 그의 연구에 따르면 신제품의 성공요인으로 가장 중요한 것은 제품의 상대적 성능과 상대적 가격의 관계이다. 여기서 상대적이란 말은 물론 '경쟁제품들과 비교해서'란 뜻이다. 〈그림 3-6〉은 그의 연구결과를 그림으로 보여주고 있다.

또한 공격을 하는 회사는 가능하면 이미 기반을 잡은 회사들이 경쟁우위를 가지고 있는 부문이 아닌 다른 부문에서 경쟁우위를 갖추는 것이 좋다. 왜냐하면, 상대방이 이미 강세를 보이고 있는 부문에서 경쟁을 하면 성공확률이 그다지 높지 않기 때문이다. 그러나 한편 상대방이 강한 부문에서 우리가 지나치게 약해도 안 된다. 이러한 경우에도 우리의 성공확률은 크게 떨어지기 때문이다.

---

13) Harvard Business Review 1976년도 3~4월호에 실린 아래 글을 참조하기 바람.
J. H. Davidson, "Why Most Consumer Brands Fail."

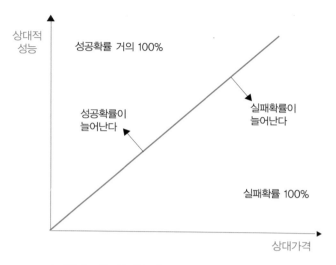

〈그림 3-6〉 신제품의 도입가격과 성공 및 실패확률

예를 들어, 해외에서는 약품·식품 등의 시장에서 유명회사의 제품에 비해 품질은 크게 떨어지지 않으면서 값은 훨씬 싼 제품들이 꽤 있다(보기 : 독일의 제약회사 라찌오팜(Ratiopharm)의 제품들). 이런 경우에 공격하는 회사의 전략적 경쟁우위는 물론 싼 가격이다. 그러나 품질 면에서 유명상표를 어느 정도 따라간다는 것이 싼 가격 못지않게 이러한 제품들의 성공을 가능하게 하는 중요한 요인이다. 우리나라에서도 이와 비슷한 현상이 이미 구두·의류시장에서 보이고 있는데, 앞으로는 알뜰구매자들(economic shoppers)의 수가 늘어남에 따라 이러한 현상이 더욱 많이 보일 것이다.

끝으로, 공격을 할 때는 상대방이 쉽게 반격하기 어려운 곳을 치는 것이 좋다. 많은 경우, 기존 회사들은 그 구조상 또는 어떤 특수한 사정으로 쉽사리 손대기 어려운 부문이 있다. 이런 부문을 우리가 공격하면, 상대방은 상당히 곤혹해할 것이다. 예를 들어, '가' 회사가 자사제품의 고급이미지를 유지하기 위하여 (자사제품을) 백화점 등의 고급매장에서만 팔고 있었다고 하자. 그런데 이제 다른 '나' 회사가 수준이 조금 떨어지는 유통경로를 통해 '가'의 제품과 비슷한 품질의 제품을 적극적으로 팔기 시작했다고 하면, '가'는 싼 가격으로 판매하는 그러한 유통경로로 선뜻 옮겨갈 수가 없다. 왜냐하면, 그렇게 하면 기존의 고급매장에서의 판매가 줄어들 염려가 있기 때문이다. 일본의 후지(Fuji)가 코닥(Kodak)과 아그파(Agfa)에 대해 썼던 전략이 바로 이것이다.

또 낮은 가격을 무기로 하는 라이언에어나 사우스웨스트항공(이하 SWA) 같은 항공회사들은 큰 항공사가 반격하기 어려운 곳을 친다. 예를 들어, SWA는 브래니프(Braniff)가 독점하다시피 하고 있던 텍사스 시장에 들어와서 텍사스 내의 세 도시(휴스턴, 댈러스, 산 안토니오) 사이만 운항을 했다. 반면에 브래니프의 텍사스 내 노선은 브래니프의 광범위한 미주노선의 일부에 지나지 않았다. 그래서 브래니프는 불가피하게 텍사스에서 연발·연착을 자주 했고, 또 서비스도 별로 좋지 않았다. SWA는 경쟁사의 이런 구조적 약점을 이용하여 바로 이 두 가지 면(서비스, 출발·도착시간의 엄수)에 주력하였다.

그 결과 SWA는 3년이 채 안 되는 시간에 텍사스 시장에서 브래니프를 물리치고 1위로 올라섰다. 라이언에어는 큰 항공사에게는 수지가 맞지 않는 노선을 운항하며, 작은 공항을 쓴다. 또 경영관리의 모든 과정을 과감하게 단순화하고, 종업원들이 여러 기능을 수행할 수 있도록 한다.

이렇게 하여 원가를 크게 낮춘 라이언에어는 낮은 가격이라는 형태로 고객들에게 큰 혜택을 베풀었다. 이러한 전략을 써서 이 회사는 2000년대 초 5년 동안 해마다 평균 25퍼센트씩 성장했으며, 수익률 20퍼센트를 달성했다. 이 두 숫자는 모두 유럽 항공사들의 평균 실적보다 훨씬 높은 값이다. 지금까지 이야기한 공격할 때의 지침을 정리하면 다음과 같다.

- 반드시 뚜렷한 경쟁우위를 갖춘 다음에 공격하라.
- 가능하면 상대방이 경쟁우위를 가지고 있는 부문이 아닌, 다른 부문에서 경쟁우위를 갖춰라.
- 상대방이 강한 부문에서는 지나치게 약세를 보이지 마라.
- 상대방이 쉽게 반격하기 어려운 곳을 치라.

방어할 때

한 회사의 경쟁우위란 것은 다른 모든 것과 마찬가지로 영원할 수가 없고 그래서 늘 위협받고 있다. 그 까닭은 아주 간단하다. 전략삼각형을 구성하는 세 주체(우리 회사 · 고객 · 경쟁사)가 끊임없이 변하고 있기 때문이다. 자사의 현재의 위치를 지켜야 하는 회사는 이와 같은 사실을 늘 염두에 두어야 한다. 시장에서의 위치가 얼마나 불안정한가는 〈표 3-1〉에서 잘 알 수 있다. 이 표는 1950년 대 이후 반도체산업의 주역이 어떻게 바뀌어갔는가를 보여주고 있다. 이 표에서 보다시피 시장에서 오랫동안 지도적인 위치를 지키는 회사는 아주 드물다.

동태적인 시장에서 자사의 위치를 지키는 방법에는 크게 아래의 두 가지가 있다.

첫째, 꾸준한 연구와 학습을 통해 현재 경쟁우위를 갖추고 있는 부문에서의 성과를 경쟁사들보다 더 빨리 그리고 더 많이 향상시킨다.

둘째, 경쟁우위를 갖추고 있는 부문을 변경시킨다.

첫 번째 방법을 택할 경우, 경영자는 〈그림 3-7〉에서 보는 바와 같은 노력과 성과의 관계에 유의해야 한다. 그림에서 보다시피 어느 수준 이상부터는 성과를 향상시키기 위해 한층 더 많은 노력이 필요하다. 그리고 언젠가는 성과를 더 높일 수 없는 포화수준에 이르게 된다. 오늘날 우리가 접하는 많은 소비재들은 품질면에서 이러한 포화수준에 많이 접근했기 때문에 이제 품질이 서로 거의 비슷하고, 그래서 그만큼 차별화하기가 힘들다. 이렇게 현재의 경쟁우위 부문에서 올릴 수 있는 성과가 포화수준에 가까이 갈수록 경쟁우위의 원천을 바꿔야 할 필요성이 커진다. 언제 그렇게 바꾸느냐는 회사의 앞날에 크나큰 영향을 미친다. 대체로 경영자들은 지금까지의 경쟁우위가 뚜렷할수록, 그리고 이러한 경쟁우위를 가진 덕분에 오랫동안 시장에서 잘해왔을수록 기존의 경쟁우위에 더 강하게 집착하는 경향이 있다. 과거에 좋았으니 앞으로도 괜찮으려니 한다. 경쟁사가 이제 우리를 거의 따라왔다는 사실을 좀처럼 인정하려고 하지 않는다.

이렇게 과거의 경쟁우위에 오랫동안 집착한 고전적인 보기가 바로 폴크스바겐의 딱정벌레차(VW-Käfer) 이야기다. 이 회사는 1974년이 되어서야 이 모델을 골프(Golf)로 바꿨는데, 이것은 적어도 5년 이상 늦게 취해진 조치였다. 또 메르세데스-벤츠와 BMW도 1990년대 초 미국시장에서 일본의 렉서스(Lexus)와 아쿠라(Acura), 그리고 인피니티(Infiniti)에게 시장의 상당부분을 뺏겼다. 이들은 ABS, 참신한 디자인, 젊어진 이미지, 전자장치, 내비게이션 시스템 등의 각종 새로운 파라미터(parameter)를 동원해서야 간신히 옛날의 지위를 회복할 수 있었다.

오늘날처럼 모든 것이 빨리 변하고 경쟁이 심한 시대에서는 과거의 성공, 과거의 영광, 과거의 경험이 오히려 자신의 시야를 좁히고 생각을 가로막을 수 있다는 사실을 경영자는 한시도 잊어서는 안 된다. 또 공격을 당하면 즉각 반격하는 것이 좋다. 현재의 고객을 지키는 것이 빼앗긴 고객을 되찾는 것보다 훨씬 쉽기 때문이다.

이상의 이야기를 간추리면 다음과 같다.

- 현재 경쟁우위를 갖추고 있는 부문에서 경쟁사들을 압도하기 위한 노력을 계속 기울여라. 그러나 만일 이것이 힘들면,
- 적당한 시점에서 과감히 경쟁우위의 원천을 바꿔라.
- 공격을 당하면 즉각 반격하라. 현재의 고객을 지키는 것이 빼앗긴 고객을 되찾는 것보다 훨씬 쉽기 때문이다.

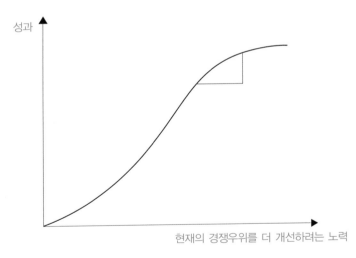

〈그림 3-7〉 현재의 경쟁우위를 더 개선하려고 할 때의 노력과 성과의 관계

〈표 3-1〉 반도체시장의 주역들

	1950	1955	1965	1975	1982	1995	2007
	진공관	트랜지스터	반도체	집적회로	VLSI 기술	서브마이크론	반도체
1	RCA	휴즈 (Hughes)	TI	TI	모토롤라	인텔	인텔
2	실바니아	트랜지트론 (Transitron)	페어차일드	페어차일드	TI	NEC	삼성
3	제너럴 일렉트릭	필코 (Philco)	모토롤라	내셔널	NEC	도시바	도시바
4	레이시온 (Raytheon)	실바니아	GI	인텔	히다치	히다치	TI
5	웨스팅 하우스	TI	GE	모토롤라	내셔널	모토롤라	ST
6	앰프렉스 (Amperex)	GE	RCA	로크웰 (Rockwell)	도시바	삼성	하이닉스
7	내셔널-비디오 (National-Video)	RCA	스프라그 (Sprague)	GI	인텔	TI	르네사스 테크놀로지

적을 알고 나를 알면 백 번 싸워도 위태하지 않다. 그러나 적을 모르고 나를 알면 이길 확률과 질 확률이 똑같다. 그리고 적을 모르고 나도 모르면 싸울 때마다 반드시 진다. (知彼知己면 百戰不殆, 不知彼而知己 一勝一負, 不知彼不知己 每戰必敗)

– 손자(孫子)

4장

전략과
동태적 시장

성공요인으로서의
혁신의 힘

오늘날의 세계경제, 특히 세계 전자시장의 주요 특징은 다음과 같다.

- 모든 제품, 시스템 그리고 관리과정의 세계화 및 디지털화
- 더욱 짧아지는 혁신주기
- 엄청난 원가압력
- 생산요소로서의 '지식'의 중요성의 증대

이러한 변화의 시대에서는 '적자생존(Survival of the Fittest)'이라는 다윈의 법칙이 그 어느 때보다도 철저하게 적용된다. 성공적인 기업들은 시장과 경쟁의 변화에 적극적으로 대처할 뿐만 아니라, 스

스로 변화를 일으키기도 한다. 즉, 이들은 혁신을 고객을 위한 가치 창출, 생산성 향상, 그리고 성장의 전략적 지렛대로 보고, 이것을 모든 경영활동의 중심에 놓는다.

누구나 혁신을 촉진하려면 창의적인 연구원들을 영입하는 것 이상의 일을 해야 한다. 미국의 발명가 토마스 에디슨(Thomas A. Edison)은 "발명은 5퍼센트의 영감(inspiration)과 95퍼센트의 땀(perspiration)으로 이루어진다"고 이미 말한 바 있다. 전망이 밝아 보이는 아이디어가 있는 것은 첫 단계에 지나지 않는다. 이에 못지않게 중요한 것은 그것을 회사 내에서 실천에 옮기는 일과 새로운 제품이나 서비스를 시장에서 받아들이게 하는 것이다. 그래야만 비로소 발명이 '부가가치를 올리는 혁신'이 된다. 그러나 혁신은 기술적인 것, 즉 제품혁신에만 국한되지 않는다. 이 개념은 회사의 모든 가치창출과정에 적용될 수 있다. 즉, 생산부문에서 공정혁신(process innovation)이 필요한 만큼 마케팅, 재무, 인사, 일반관리 등의 부문에서도 관리과정의 혁신이 필요한 것이다.

혁신은 진화적(evolutionary)일 수도 있고 혁명적일 수도 있다. 앞의 것은 제품과 공정(관리과정)의 점진적인 개선을 꾀하는 반면에, 뒤의 것은 그야말로 획기적인 혁신이다. 이런 것은 기술이나 현재의 경영방식에서의 단절(discontinuity)을 가져온다. 기술이 진보하는 데 있어서 이 두 가지의 혁신 모두 없어서는 안 된다. 다음의 두 개의 보기를 보자.

현대의 정보통신기술은 트랜지스터와 집적회로(integrated circuit)로부터 발전(진화)해온 것이다. 그러나 정보통신기술의 오늘의 성공은 마이크로칩의 구조를 극소화할 수 있게 하는 숱한 작은 혁신이 있었기 때문에 가능했다. 또 하나는 발전소의 효율과 환경친화성의 지속적인 향상이다. 여기서도 이와 같은 성공은 새롭고 개선된 원료, 3D 시뮬레이션에 의한 터빈장치의 최적화 등의 많은 작은 혁신의 결과인 것이다. 결국 모든 진화는 일련의 작은 혁명에 바탕을 두고 있다고 말할 수 있다.

또 위대한 기술혁명에는 주목할 만한 상호작용현상이 따른다. 우리가 다 경험했다시피, 마이크로 일렉트로닉스(microelectronics), 인터넷, 이동통신 등의 획기적인 기술은 세계를 바꾼다. 그런데 한편 바로 이러한 변화가 흔히 그때까지는 생각할 수 없었던 후속혁신의 중요한 원천이 된다. 즉, 사물과 현상을 바라보는 관점, 구조, 관리 과정, 기업문화 등의 변화로 말미암아 중요한 혁신이 이루어지는 경우가 많이 있다. 일을 더 잘하려는 욕망뿐만 아니라, 일을 한번 다르게 해보려는 – 설사 그렇게 함으로써 현재의 사업이 좋지 않은 영향을 받는다고 하더라도 – 욕구도 이미 증명된 혁신의 원동력이다.

이러한 혁신의 본질을 이해하게 되고 나서는 산업계도 지난 몇십 년 동안에 걸쳐 연구활동을 할 때의 패러다임을 결정적으로 바꾸게 된다. 산업계는 그 동안 기술에만 초점을 맞추었던 시야를 넓혀서 이제는 시장, 관리과정, 고객가치 등에도 깊은 관심을 기울이고 있다(〈그림 4-1〉 참조).

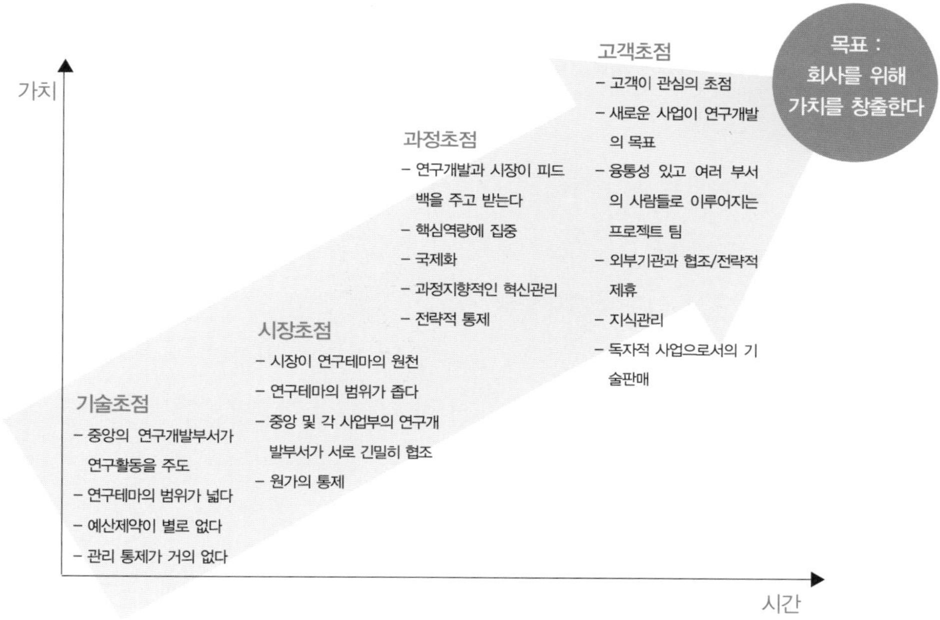

고객초점
- 고객이 관심의 초점
- 새로운 사업이 연구개발의 목표
- 융통성 있고 여러 부서의 사람들로 이루어지는 프로젝트 팀
- 외부기관과 협조/전략적 제휴
- 지식관리
- 독자적 사업으로서의 기술판매

목표 : 회사를 위해 가치를 창출한다

과정초점
- 연구개발과 시장이 피드백을 주고 받는다
- 핵심역량에 집중
- 국제화
- 과정지향적인 혁신관리
- 전략적 통제

시장초점
- 시장이 연구테마의 원천
- 연구테마의 범위가 좁다
- 중앙 및 각 사업부의 연구개발부서가 서로 긴밀히 협조
- 원가의 통제

기술초점
- 중앙의 연구개발부서가 연구활동을 주도
- 연구테마의 범위가 넓다
- 예산제약이 별로 없다
- 관리 통제가 거의 없다

가치 / 시간

〈그림 4-1〉 산업연구의 변화 : 초점의 확대를 통한 가치제고

　　과거에는 연구자들이 가장 훌륭한 기술적 해결책을 개발하는 것을 예산상의 제약이나 관리통제보다 더 중시하였으나 이제는 점차 다음과 같은 현상이 정착되고 있다.

- 혁신의 원천으로서의 시장을 중요하게 여긴다.
- 중앙의 연구개발부서와 각 사업부가 필요로 하는 것이 더 긴밀한 연관을 맺는다.
- 핵심역량에 더욱 집중한다.
- 과정지향적(process-oriented)인 혁신관리와 전략적 통제가 시행된다.

오늘날 모든 성공적인 혁신의 75퍼센트는 그 원천이 시장이다. 또 대기업의 연구소들도 새로운 사업기회의 개발에 초점을 맞추고 있다. 이들의 연구개발활동의 가장 중요한 목표는 고객가치(value-to-customer) 및 주주가치의 창출이다. 이렇게 기업의 연구활동의 패러다임이 바뀌면서 기업에 속한 연구원들의 연구방식도 달라지고 있다. 즉, 오늘날 기업의 연구개발활동의 특징은 다음과 같다.

- 개발과정의 초기에서부터 (미래의) 고객들과 긴밀히 협조한다.
- 융통성 있고 흔히 여러 부서의 사람들로 이루어지는 프로젝트팀이 개발활동을 주도한다. 이러한 팀은 상당한 자율권을 가지고 행동하지만, 달성해야 하는 뚜렷한 목표가 있다.
- 기업이 가지고 있는 모든 지식을 활용하며, 이른바 '역량의 네트워크(network of competencies)'에 편입되어 있다.
- 다른 기업, 대학, 그리고 국제과학계에 속해 있는 연구소들과

전략적 제휴를 한다.

• 획득한 지적 재산을 특허, 상표등록 등으로 보호한다.

그러나 이러한 시대의 변화 속에서도 혁신자(innovator) 자신의 특징은 달라지지 않았다. 그는 기업가적 기질이 있고(entrepreneurial) 창의적이며, 투쟁적이면서 동기를 유발하는 힘이 있다. 그는 혼자서도 잘 싸우는 각개 전투병이지만 팀플레이도 잘한다. 또 그는 성공 지향적이면서 위험을 즐긴다. 그리고 그의 마지막 주요특징은 아래와 같다.

"그는 시장에서 흔히 볼 수 없는 희귀재(scarce commodity)이다."

전략과 수명주기

대부분의 제품과 서비스는 수명주기를 거친다. 따라서 기업이 오랫동안 이익을 내면서 시장에서 살아남으려면 전략을 세울 때에 이러한 수명주기를 고려해야 한다. 또한 한 산업에서의 제품수명주기가 짧아질수록, 그 산업은 더욱 동태적(dynamic)으로 된다. 이러한 상황에서는 업계의 3~4위 회사가 선두주자들을 따라잡을 수 있는 기회가 생긴다. 또한 이런 동태적인 시장에서 앞서가는 회사들은 끊임없이 스스로의 위치를 방어해야 하는 것이다. 현대의 시장은 매우 동태적이다. 이러한 동태적인 현상은 그 원인이 고객일 수도 있고 기술일 수도 있다. 첨단기술 분야의 다음 보기들을 보자.

전략적인 사고의 전환으로 성공을 거둔 유명한 사례가 바로 마이크로소프트이다. 지금까지의 컴퓨터의 역사는 세 단계로 이루어져 있다. 대형컴퓨터시대, PC시대, 인터넷시대가 그것이다. 그런데 대형컴퓨터시대에서 PC시대로 넘어갈 때 당시의 선두주자였던 IBM과 DE(Digital Equipment)는 시장선도기업으로서의 지위를 마이크로소프트와 인텔에 뺏기고 말았다. 또 1995년에는 넷스케이프(Netscape)의 넷스케이프 브라우저(Netscape Browser)가 새로 도래한 인터넷시대의 대표적인 소프트웨어가 될 것처럼 보였다.

빌 게이츠 회장은 이러한 위험을 알아차렸다. 그는 1995년 12월 7일 극적인 연설을 통해 마이크로소프트의 획기적인 변신을 선언한다. 이제부터 마이크로소프트의 모든 신제품개발은 인터넷에 초점을 맞춘다는 것이었다. 그 후 이 회사는 모든 분야에서 경쟁사들을 물리치는 데 성공했다.

또 회로판 장착시장(circuit board mounting)의 보기를 살펴보자. 이른바 표면장착기술(surface mount technology, SMT)이 나오기까지는 부품을 장착하기 위해 축형 기계(axial machines)와 방사형 기계(radial machines)가 쓰였다. 미국회사인 유니버설(Universal)은 이 분야에서 엄청나게 강했지만, 장착기술이 SMT 쪽으로 발전해가고 있다는 것을 너무 늦게 알아차렸다. 그러는 사이에 SMT 장착기계시장은 일본의 후지와 파나소닉, 그리고 독일의 지멘스가 석권한다. 또한 후지와 지멘스는 매우 일찍 외부조달(outsourcing)이라는 새로운 시장추세에 맞게 전략을 수정하였고, 그에 따라 당시로서는 비교적 작은 규모의 계약생산회사들과 긴밀한 관계를 맺었다. 그 후 SMP장착의 외부조달이 급격히 늘어나자, 솔렉트론(Solectron)이나 플렉스트로닉스(Flextronics) 같은 거대한 전문제조회사가 생기게 된다. 후지와 지멘스는 초기단계에서 전략을 재빨리 재조정하였기 때문에 이러한 회사들과 같이 성장할 수 있었다.

이러한 실례들을 바탕으로 우리는 다음과 같은 전략적 시사점들을 도출할 수 있다.

첫째, 기업은 시장의 추세를(보기 : SMP분야에서의 외부조달) 정기적으로 분석하고 평가한 다음, 필요하면 그에 따라 전략을 조정해야 한다.

둘째, 시장추세의 기원은 고객일 수도 있고 경쟁사일 수도 있다. 따라서 기업은 경쟁사들을 늘 날카롭게 관찰하는 것은 말할 것도 없고, 연구개발제휴(R&D partnerships) 등을 통해 고객들과의 접촉도 강화해야 한다.

셋째, 한 기업의 수명주기는 그것이 시장에 있는 동안 생산한 모든 제품들의 수명주기로 이루어져 있다. 따라서 기업이 이익을 계속 올리면서 장기적으로 생존하려면 반드시 혁신을 해야 한다. 요즘처럼 경기가 나쁜 때에는 기업들이 원가를 내리는 데에 힘을 기울이게 마련이다. 극히 드문 몇몇 회사들만이 전략을 다듬고 동시에 공세적으로 혁신을 추진한다. 그러나 경기가 좋아지면 바로 이런 회사들이 가장 큰 혜택을 입을 것이다.

넷째, 선도기업이 옛날 기술에 집착하면 순식간에 시장에서 밀릴 수 있다. 기업이 크면 클수록 타성이 붙어 새로운 기술의 추세에 맞게 전략을 조정하기 어렵다. 앞의 마이크로소프트 이야기에서 보았다시피 전략을 과감하게 바꾸기 위해서는 최고경영자의 확고한 결단이 꼭 필요하다.

다섯째, 기존의 기술을 새로운 분야에 응용하는 것도 제품의 수명주기를 늘리기 위한 한 방법이다. 텔레커뮤니케이션 산업에서 주로 쓰이고 있는 HDI 회로판은 바로 그러한 보기이다. 단말기시장이 점차 포화된다고 하면 자동차산업이나 산전(industry electronics) 분야에서 새로운 용도를 찾아내는 것도 매출을 올리기 위한 한 돌파구가 될 수 있을 것이다.

뛰어넘기전략(leapfrogging strategy)

여기서 말하는 '뛰어넘기' 란 고객이 시장에서 현재 살 수 있는 어떤 제품의 구매를 연기하는 것, 즉 그것을 뛰어넘는 것을 말한다. 이러한 행동은 고객들이 미래에 더 좋은 제품이나 서비스가 나올 것이라고 기대하는 때 흔히 나타난다. 뛰어넘기는 해당 기업의 매출을 크게 지연시킬 수 있으므로 이것은 기업의 전략에 대해 매우 큰 영향을 미친다. 이 현상은 소비재시장에서 주로 볼 수 있지만, 때로는 산업재시장에서 나타나기도 한다. IT, 텔레커뮤니케이션, 자동차, 가전 등의 분야가 '뛰어넘기' 를 볼 수 있는 전형적인 산업들이다.

컴퓨터나 디지털 카메라(이하 디카)를 사본 사람은 누구나 그 느낌을 안다. 산지 얼마 되지도 않았는데 더 성능이 좋은 컴퓨터나 더 화질이 좋은 디카가 시장에 나온다. 그와 동시에 자신이 가지고 있는 모델은 벌써 현저하게 낮은 가격에 팔리고 있다. 이렇게 제품이 끊임없이 좋아지고 값이 지속적으로 떨어지는 상황에서는 가장 적당한 구매시점이란 것이 있을 수 없다. 그래서 상당수의 소비자들이 언제 사면 좋을지 망설이다가 결국 더 좋은 제품이 나올 것을 기대하고 구매를 늦추고 만다. 이러한 현상을 우리는 '뛰어넘기'라고 일컫는다. 즉, 현재 나와 있는 세대의 제품들을 뛰어넘는 것이다.

얼핏 보면 이렇게 '뛰어넘기'를 당하는 제품을 파는 회사는 불리한 상황에 있는 것처럼 보인다. 왜냐하면 현재제품에 대한 잠재수요를 다 살리지 못하고, 기대했던 매출은 다음 세대의 제품이 나와야만 실현되기 때문이다. 그럼에도 불구하고 기업은 이러한 '뛰어넘기' 현상을 긍정적으로 활용할 수 있다. 뛰어넘기전략은 다음과 같은 몇 개의 단계로 이루어져 있다.

우리 회사와의 관련여부 분석

'뛰어넘기' 현상은 다음의 두 가지 전제조건이 충족되어야만 일어난다.

- 소비자들이 미래의 제품에 대해 기대감을 가지고 있다.
- 그들은 새로운 제품이 나올 때까지 기다릴 용의가 있다.

소비자들이 앞으로 지금보다 훨씬 나은 다음 세대 제품이 나올 것이라고 생각하면, 그들은 미래의 제품에 대해 기대감을 갖게 된다. 여기서 중요한 것은 '기대되는' 성능의 향상이다. 예를 들어, 고급 승용차를 사려는 사람들은 현대와 기아의 최신 모델이 나올 때까지 기다릴지도 모른다. 그들은 새로 나올 모델이 기술적으로 더 낫고 디자인도 개선되었을 것이라고 생각하는 경향이 있기 때문이다.

두 번째로 어떤 제품에 대한 필요성이 절실하여 그것의 구매를 연기하는 것이 불가능한 정도가 되면 안 된다. 대체로 제품수명주기가 짧은 시장에서 이(뛰어넘기) 현상이 많이 일어난다. 경우에 따라서는 실제수명주기가 1년 이하이기도 한 PC시장이 그 좋은 보기이다. 값에 민감한 소비자들은 새로운 모델이 나올 때까지 기다렸다가, 신제품이 나오면 옛날 모델을 싼 값에 사는 구매전략을 구사한다.

'뛰어넘기' 효과의 계량화

만일 우리 회사가 진출한 시장에서도 '뛰어넘기' 현상이 있다고 생각되면, 회사는 먼저 뛰어넘는 세분시장의 크기를 파악해야 한다. 또한 시간이 지나면서 일어나는 이 세분시장의 변화와 소비자들이 이러한 행동을 보이는 구체적인 이유를 알아내야 한다. 신제품이 나올 때가 가까워질수록 뛰어넘는 세분시장의 크기도 커진다. 왜냐하면 시간이 지나면서 고객들은 새로 나올 제품을 더욱 현실적인 대안으로 생각하게 되고, 따라서 더 기다릴 마음을 품게 되기 때문이다. 이러한 뛰어넘는 세분시장의 크기는 산업마다 다르며, 어떤 유형의 제품이냐가 결정적인 영향을 미친다. 산업재시장의 경우, 고객들은 기술집약적인 제품에 대해 투자결정을 할 때 '뛰어넘기'의 성향을 많이 보인다. 소비재시장에서는 수명이 긴 내구재나 고객에게 중요한 제품의 경우에 이 현상이 자주 일어난다.

필요한 조치

현재 잘 팔리는 제품을 가지고 있는 회사에게는 '뛰어넘기'가 그다지 달갑지 않다. '뛰어넘기'의 효과를 줄이기 위해 회사는 가격, 유통, 커뮤니케이션 등의 도구를 쓸 수 있다. 예를 들어, 회사는 특별할인을 통해 옛날 모델의 구매를 유도하거나, 상급 제품을 기본 모델의 값에 팔 수도 있다. 또한 유통과 광고에 힘을 기울여 현재 제품의 판매를 촉진할 수도 있다. 반면에 회사가 현재 잘 팔리는 제품이 없고 조만간에 경쟁력 있는 제품을 내놓으려고 하면, '뛰어넘기'는 바람직한 소비자 행동이다. 이러한 경우에는 사전마케팅(premarketing)을 통해 고객들로 하여금 기대감을 품게 하는 것이 중요하다. 이때 쓸 수 있는 주요 마케팅 수단은 다음과 같다.

• 신제품이 나올 것이라고 미리 발표한다.

- 시제품을 일찍 보여준다.
- 전시회에 출품한다.
- 중간상들을 상대로 광고한다.
- 언론매체에 정보를 충분히 공급한다.

마이크로소프트가 게임기 분야에서 바로 이 전략을 쓴 바 있다. 즉, 이 회사는 2002년에 나온 엑스박스(Xbox)가 나올 것이라는 것을 미리 알림으로써 고객들로 하여금 소니의 플레이스테이션 2 같이 시중에 이미 나와 있는 제품을 사지 않고 자기 회사의 제품을 기다리게 했던 것이다.

5장

마케팅의 꽃
'가격정책'

이익창출의 진정한 견인차 '가격'
가격전략을 더욱 세련되게 가다듬자
저가경쟁에 대항하는 길

이익창출의 진정한
견인차 '가격'

  업종을 막론하고 기업의 이익을 창출하는 요인은 원가, 매출, 그리고 가격이다. 지난 10여 년 동안 한국과 외국의 많은 기업들은 리엔지어니어링, 6-시그마 등의 기법을 써가며 원가를 내리기 위해 엄청난 노력을 기울여왔다. 또한 적극적인 해외진출 등의 방법으로 매출을 늘리는 데도 많은 힘을 쏟았다. 하지만 가격을 현명하게 책정함으로써 이익을 올리려는 노력은 상대적으로 많이 하지 않았다. 그러나 아래의 사례들을 보자.

  2005년도에 파산할지도 모른다고 하던 미국의 GM은 할인액을 줄이는 방법으로 값을 18퍼센트 올렸다. 그랬더니 매출은 7퍼센트 줄었지만 이익은 무려 328퍼센트나 늘어났다!

일본의 대표적인 초일류기업인 도요타는 세계시장 점유율이 12퍼센트이다. 그러나 도요타는 경쟁사보다 값을 높게 매길 수 있기 때문에 이 회사의 이익점유율은 33퍼센트에 달한다. 예를 들어, 도요타의 코롤라(Corolla)와 GM의 지오 프리즘(Geo Prizm)은 사실상 똑같은 모델이다. 그러나 코롤라의 값은 지오 프리즘보다 18퍼센트나 높다. 그런데도 코롤라는 지오 프리즘보다 2.5배나 더 많이 팔리고 있다.

삼성전자의 2006년도 외형은 85조 원, 영업이익은 9조 원이므로 영업이익률은 9.3퍼센트이다. 따라서 삼성이 값을 2퍼센트만 올릴 수 있다면 이익이 21.5퍼센트 늘어날 것이다. 또 영업이익률이 5.6퍼센트인 현대자동차의 가격이 2퍼센트 올라가면, 이익은 35.7퍼센트 증가할 것이다.

나는 이러한 사례들을 얼마든지 더 열거할 수 있다. 그리고 먼저 이러한 이야기의 시사점을 아래와 같이 요약하고자 한다.

- 이익창출변수로서의 가격의 중요성이 충분히 인식되고 있지 않다.
- 시장점유율보다는 이익을 더 중시하는 방향으로 경영자들의 생각이 바뀌어야 한다.
- 따라서 가격결정의 전문화 · 과학화가 무엇보다 시급하다.

그러면 어떻게 하면 가격결정을 전문화·과학화할 수 있는가? 그 첫걸음은 소비자들이 우리 제품에 대해 느끼는 값어치를 정확히 파악하여 계량화하는 것이다. 소비자들이 비슷한 제품들의 효용을 얼마나 다르게 평가하는가는 스타벅스의 사례에서 잘 알 수 있다. 우리나라에서도 큰 성공을 거두고 있는 이 회사는 아시아시장에서 현지의 커피숍들보다 3~5배의 값을 받고 있다.

또한 질레트(Gillette)의 마하 3는 그 이전에 나왔던 이 회사의 가장 비싼 모델보다 50퍼센트나 비싸다. 그럼에도 불구하고 질레트는 1962년 이래 가장 높은 시장점유율을 유지하고 있다.

이러한 일은 왜 일어나는가? 그것은 소비자들은 어떤 제품의 효용이 정말로 높다고 생각하면 기꺼이 비싼 값을 지불하기 때문이다. 그래서 앞에서 언급한 것처럼 소비자들이 느끼는 제품의 효용을 정확히 파악하는 것이 과학적인 가격책정의 출발점이 되어야 하는 것이다. 그런데 여기서 또 중요한 것은 소비자가 어떤 제품에 대해 느끼는 효용, 즉 그것에 대해 지불할 용의가 있는 가격, 이른바 유보가격은 사람에 따라 크게 다르다는 사실이다. 기업이 이러한 소비자들의 유보가격의 차이를 잘 이용하면 이익을 크게 늘릴 수 있다. 그래서 전문적 가격책정의 아주 중요한 기둥이 바로 '가격차별화'이다.

나는 지금까지 가격책정의 전문화의 필요성을 역설하고, 이를 위한 가장 기본적인 방향을 제시하였다. 이 글을 통해 경영자들이 전문적 가격책정의 시급성과 잠재력을 깨닫고, 그들이 원가관리와 판매증진에 쏟았던 만큼의 관심과 노력을 이 분야에 기울이게 되기를 바란다.

가격전략을
더욱 세련되게 가다듬자

가격은 원가, 매출과 함께 이익을 창출하는 결정적인 요소의 하나이다. 뿐만 아니라 그것은 대부분의 경우 원가 또는 매출보다 이익에 훨씬 더 큰 영향을 미친다. 따라서 기업은 값을 좀 더 잘 매김으로써 지금보다 한결 더 많은 이익을 올릴 수 있는 것이다. 예를 들어, 어느 회사의 영업이익률이 5퍼센트라고 하자. 그런데 만일 이 회사가 매출이 줄지 않도록 하면서 값을 1퍼센트만 더 올릴 수 있다고 하면, 이 회사의 이익은 20퍼센트나 늘어나게 된다.

그러나 가격의 이러한 크나큰 이익창출능력에도 불구하고, 그것은 매출과 원가에 비해 상대적으로 경영자들의 주목을 덜 받고 있다. 그리고 그 까닭은 아직도 많은 최고경영자들이 이익목표보다는 매출과 시장점유율을 더 중시하기 때문이다. 독일의 포르쉐

(Porsche) 자동차 회장 벤델린 비더킹(Wendelin Wiederking)은 이러한 그들의 태도를 한탄하며 "크기가 중요한 것이 아니다. 기업의 장기적인 성공은 시장점유율보다 수익률에 의해 더 크게 좌우된다"라고 말했다.

그러면 기업은 가격문제에 어떻게 접근해야 하나? 나는 먼저 가격책정은 이미 제품을 개발하는 단계에서 시작되어야 한다는 점을 강조하고 싶다. 제품개발단계 초기에 기업은 여러 투자방향을 놓고 고민하게 된다.

예를 들어 세탁기의 경우, 물소비량의 감소, 외관 디자인, 또는 회전속도의 증대 가운데 어디에 주안점을 두느냐에 따라 시장의 반응은 크게 달라질 것이다. 여기서 중요한 것은 기업이 고려하고 있는 신제품의 각종 기능이나 특징을 고객들이 어떻게 받아들이냐 하는 것을 컨조인트 분석 등의 기법으로 계량적이고 정밀하게 측정하고, 그 결과를 개발 및 가격결정에 반영하는 것이다. 기업은 구체적으로 아래의 질문들에 대해 가능한 한 정확한 대답을 해야 한다.

- 우리 제품에 대해 느끼는 소비자들의 효용은 어느 정도인가?
- 경쟁제품들이 소비자들에게 주는 효용은 어느 정도인가?
- 우리의 목표고객들이 지불할 용의가 있는 가격, 즉 유보가격은 얼마인가?
- 원가는 얼마인가?

• 이 제품으로 우리가 달성하고자 하는 마케팅 목표는 무엇인가?

앞에서 언급한 컨조인트 분석은 제품의 새로운 기능, 향상된 성능에 대한 고객들의 유보가격을 알게 해주는 강력한 도구이며, 이러한 정보가 최적가격을 알아내는 데 결정적인 도움을 주는 것은 말할 것도 없다. 제품의 개발단계에서부터 가격부서가 깊숙이 관여하여 매우 좋은 성과를 올리고 있는 전형적인 산업이 해외의 제약업계이다. 제약산업의 수익률은 무려 20퍼센트가 넘는다. 이 산업의 특징은 신제품이 어마어마한 연구개발비를 투자한 결과물이라는 것이다. 그런데 통상 이러한 막대한 투자비를 회수해야 하는 기간은 제한되어 있다. 왜냐하면 특허기간이 끝나면 특허가 없는 이른바 무상표 약품(generics)이 시장에 물밀듯이 들어오기 때문이다. 즉, 제약회사들은 10~15년이라는 제한된 기간 동안에 최대한의 수익을 올려야 하는 것이다. 그래서 이 업계에서는 개발과정의 모든 단계에서 가격책정이 아주 중요한 위치를 차지하게 된다.

끝으로, 혁신적인 가격책정의 큰 기둥의 하나인 가격차별화의 중요성을 여기서 논의할 필요가 있다. 왜냐하면 과학적으로 가격을 달리함으로써 이익을 더 올릴 수 있는 여지는 그야말로 엄청나기 때문이다. 그 좋은 보기의 하나가 독일의 국영철도회사 도이치반(Deutsche Bahn, DB)의 철도카드(Bahncard, 반카드)이다. 고객이 이

카드를 225유로(2등칸) 또는 450유로(1등칸)에 사면, 그는 1년간 언제 어느 기차를 타건 50퍼센트의 할인을 받는다. 승객들은 카드를 산 다음에는 킬로미터당 가격이 정상가격의 절반이라는 사실에만 주목한다. 그런데 이 가격은 자동차의 연료비보다도 싸므로 많은 사람들이 자동차 대신 기차를 이용하게 되었다. 즉, 승객들은 마치 50퍼센트의 할인을 받았을 때처럼 행동하였다. 그러나 그들은 이미 카드를 사기 위해 돈을 썼기 때문에 실제의 할인율은 약 30퍼센트 정도였다. 한국기업들은 이러한 종류의 창의적인 가격차별화에 좀 더 많은 관심을 기울여야 할 것이다.

이 글로 인해 우리 기업들이 더욱 세련되고 미래지향적인 가격모델을 개발하고 시행하게 되기를 바라 마지않는다.

저가경쟁에 대항하는 길

오늘날 인텔, 소니, 보쉬(Bosch) 등 세계의 많은 일류회사들은 잘 알려진 기존의 고급상표를 보호하면서, 동시에 매력적인 저가시장도 놓치지 않기 위해 두상표(two-brand) 또는 다상표(multi-brand)전략을 활발히 구사하고 있다.

인텔의 셀레론(Celeron), 소니의 아이와(Aiwa), 그리고 보쉬의 네프(Neff) 등이 바로 그러한 회사들의 상표들이다. 미국의 쓰리엠(3M)도 사무용품시장에서 이미 잘 알려진 포스트-잇(Post-It) 상표 외에 값에 민감한 고객들을 겨냥한 타탄(Tartan)이란 상표를 동유럽에 내놓았다. 이와 관련하여 동유럽에서 시장개발을 맡고 있는 이 회사의 샌드로 베카(Sandro Veca)라고 하는 경영자는 "두상표전략이 시행되고 있는 거의 모든 시장에서 쓰리엠의 고급상표와 둘째 상표 모두 판매가 늘어나고 있습니다"라고 말했다.

두상표전략을 쓰려고 할 때의 가장 큰 위험은 원래상표의 판매
(이른바 '제살 깎아먹기') 또는 그것의 이미지가 떨어질 가능성이다.
그래서 회사는 먼저 둘째 상표를 원래 상표와 충분히 다르게 해야
한다. 그런데 이러한 차별화작업은 회사가 표적고객들의 욕구와 그
들이 해당제품의 가격, 품질, 상표 등에 어느 정도의 가치를 부여하
는가를 정확히 이해하고 있어야만 성공할 수 있다.

대체로 두 개의 상표를 서로 차별화하려고 할 때 특히 힘든 부분
은 품질을 얼마나 다르게 하느냐와 가장 알맞은 가격을 책정하는 것
이다. 회사가 값이 더 싼 이른바 투쟁상표(fighting brand)를 내놓을
경우, 그것의 품질이 원래의 고급상표에 못 미쳐야 하는 것은 당연
하다. 이때 새 상표의 품질은 원래상표와 고객들이 받아들일 수 있
는 품질하한선 사이에 위치해야 한다. 고객들이 주관적으로 품질하
한선을 설정할 때, 그들이 저가경쟁제품 품질의 영향을 받는 것은
말할 것도 없다.

둘째 상표를 개발하는 주된 목적은 가격경쟁력이 있는 제품을 저
가시장에 내놓음으로써 그 시장에서 이익을 내면서 동시에 점유율
도 높이려는 것이다. 이 경우 둘째 상표의 가격은 원래상표의 값보
다 현저하게 싸야 하며, 궁극적으로는 다른 저가경쟁제품 및 현지생
산제품의 가격에 의해 결정된다. 대부분의 경우 원래의 고급상표와

투쟁상표의 가격차이는 적어도 30~40퍼센트이다. 따라서 회사가 이렇게 낮은 가격에 둘째 상표를 팔 수 있으려면, 그것의 생산원가가 주력상표보다 훨씬 낮아야 한다. 그래서 둘째 상표의 생산을 아웃소싱하거나, 또는 인건비와 생산비가 적게 드는 나라로 생산거점을 옮기는 사례가 늘어나고 있다.

최근에 프록터앤드갬블(P&G)의 일부가 된 질레트가 인도의 구강용품시장에서 구사했던 전략은 지금까지 이야기한 두상표전략의 전형적인 성공사례로 꼽을 수 있다.

인도의 구강용품시장은 미국의 콜게이트-팔모리브(Colgate-Palmolive)와 현지회사인 힌두스탄 레버(HLL)가 지배하고 있었다. 오랄-비(Oral-B)라는 고급상표를 가지고 있던 질레트는 인도의 중가 및 저가 칫솔시장에 들어가기 위해 둘째 상표를 내놓고 싶어 했다. 이 시장이 매우 빨리 성장하고 있는 것을 알아차렸기 때문이다. 값을 내리지 않는 한 기존의 오랄-비로는 이 시장에 진출할 수 없었던 질레트는 1999년에 인도회사 팔르(Parle)로부터 프루덴트(Prudent)라는 상표를 사들인다. 이를 인수한 후에 질레트는 제품을 가다듬고 포장을 개선하였으며, 정교한 판매전략을 세운 후에 프루덴트를 대중들을 위한 양질의 상표로 포지셔닝했고, 오랄-비는 고급시장을 겨냥하도록 했다. 질레트의 이러한 복수상표전략은 대성공이었다. 프루덴트는 시골과 도시의 중가시장에 파고들었으며, 오랄-비는 현재의 칫솔보다 더 고급스러운 칫솔을 쓰고자 하는 소비자들의 덕을 톡톡히 보았다. 그 결과 이 회사는 인도 칫솔시장의 약 10퍼센트를 차지할 수 있었다. 이 사례에서 보다시피 둘째 상표는 소비자들을 서서히 더 높은 가격의 주력상표로 옮겨가도록 하는 진입로의 구실을 할 수도 있는 것이다.

그런데 여기서 강조하고 싶은 것이 하나 있다. 그것은 점점 더 많은 경쟁사들로 붐비는 시장에서 둘째 상표를 가장 먼저 내놓는 것 자체가 승리의 비결은 아니라는 점이다. 정말로 경쟁에서 이기는 길은 둘째 상표 등을 통해 가격과 포지셔닝을 가장 세련되게 관리하는 것이다. 그러면 이제까지 논의한 내용을 아래와 같이 갈무리하면서 이 글을 마치기로 한다.

- 두 상표를 충분히 차별화하지 않으면 주력상표의 매출이 줄거나 그것의 이미지가 떨어질 염려가 있다.
- 회사가 차별화를 제대로 하려면 표적시장의 욕구 및 가격, 품질, 상표 등에서 고객들이 느끼는 값어치를 정확히 파악해야 한다.
- 둘째 상표의 품질은 고급 상표보다는 낮고, 소비자들이 받아들일 수 있는 품질하한선보다는 높아야 한다.
- 둘째 상표의 가격은 원래의 고급상표보다 훨씬 낮아야 하며, 저가경쟁상표 및 현지생산제품의 값에 의해 정해진다.

- 둘째 상표의 생산원가를 낮추기 위해 회사는 아웃소싱이나 생산시설의 해외이전을 고려할 필요가 있다.

6장

위기 속의 마케팅, 마케팅의 위기

위기를 꺾는 마케팅

기업경영 관점에서의 이번 위기의 본질

2007년 여름 미국의 이른바 서브프라임 거품이 터지면서 서서히 시작된 세계의 금융위기는 2008년 9월 15일 리만브라더스(Lehman Brothers)가 파산하면서 무서운 속도와 힘으로 세계 경제를 강타했다. 이후 세계의 수많은 기업의 매출은 걷잡을 수 없이 떨어지기 시작했다. 그것은 고객들의 구매력이 갑자기 사라져버린 것이 아니고, 미래에 대해 불안감을 갖게 된 소비자들과 기업 고객들이 구매를 하지 않고 돈을 쌓아두고 있기 때문이다. 그들은 이제 "현금이 왕이다" 라고 믿고 있다. 그런데 많은 기업들이 대체로 2008년 여름까지는 매출이 괜찮았기 때문에 그 이후의 급격한 매출감소에 더 큰 충격을 받은 듯하다. 세계 제일의 개인용 제트기회사 세쓰나(Cessna) 이야기는 그 전형적인 보기이다. 2008년 상반기에 이 회사의 수주액은 126억 달러에서 160억 달러로 27퍼센트나 늘어났다. 그러나 그 직후 몇 주 사이에 해약이 쏟아지면서 주문물량은 535대에서 375대로 43퍼센트나 줄어들었다. 삼성전자를 비롯한 우리나라의 많은 회사들도 사정이 크게 다르지 않았다.

그러면 이렇게 매출이 갑자기 급격히 떨어지는 사태에 기업은 어떻게 대응해야 하는가? 물론 원가절감에 더욱 힘을 기울여야 한다. 그러나 매출이 30~40퍼센트씩 떨어질 때는 이것만으로는 절대 부족하다. 기업은 이번 사태의 본질이 원가가 아닌 판매의 위기라는 사실을 직시하고, 판매를 지키기 위한 모든 노력을 기울여야 한다. 그러기 위해서는 원가, 가격, 매출물량이라는 세 개의 이익창출변수 (profit driver)를 모두 적극적으로 활용해야 한다. 그러면 구체적으로 기업은 어떤 조치를 취해야 하는가? 이를 논의하기 위해 우리는 먼저 다음과 같은 소비자 행동의 변화에 주목할 필요가 있다.

- 미래에 대한 두려움
- 가격탄력성의 변화 : 소비자들은 값이 오를 때는 민감하게 반응하지만, 반면에 값이 내릴 때는 민감하게 반응하지 않는다.
- 편익과 원가 면에서의 뚜렷한 이점의 중요성 : 불황이 오면 원가와 편익 면에서 확실한 이점을 제공해주는 제품 및 서비스가

각광을 받는다.

- 단기효과의 중시 : 위기가 오면 고객들은 더 가까운 장래에 혜택을 주는 상품을 선호하게 된다.
- 더 중요해진 자금융통 : 고객들의 재무사정이 악화됨에 따라 자금을 융통해주고 지불조건을 완화해줄 수 있는 회사는 영업 면에서 유리해진다.
- 안전의 중시 : 금융위기를 겪으면서 고객들은 수익성이 낮더라도 안전한 금융상품을 선호한다. 또 소비자들은 곧 망할 듯한 회사의 제품을 사지 않으며, 불황으로 인해 사회가 불안해지면 안전을 확보하기 위한 제품과 서비스에 대한 수요가 늘어난다.

그러면 지금까지 논의한 위기의 본질과 소비자행동의 변화를 바탕으로 개별기업의 구체적인 대책을 생각해보자.

기업의 구체적인 대응책

경영자가 위기상황에서의 대응책을 강구할 때 먼저 염두에 두어야 하는 것은 그가 시행할 모든 조치들이 아래와 같은 속성을 갖추어야 한다는 점이다.

- 효과가 빨리 나타나야 한다.
- 빨리 실천에 옮길 수 있어야 한다.

• 회사의 유동성에 악영향을 주지 말아야 한다.

이런 의미에서 위기타개책으로 흔히 언급되는 혁신, 신규시장 개척, 다각화, 인수·합병, 수직적 통합, 새로운 사업모델 등은 적합하지 않다. 이것들은 모두 시행하는 데 시간이 많이 걸리고, 효과가 즉각적으로 나타나지 않으며, 초기에 많은 투자를 필요로 하기 때문이다. 그러면 어떤 조치들이 필요한가?

1 과감한 보장을 통해 고객들이 느끼는 위험을 줄여주어라.

위기가 오면 고객들은 불안·공포·불확실성에 시달리고, 위험을 회피하고자 한다. 그래서 기업은 그들이 느끼는 위험·불안감을 이해하고, 그에 걸맞은 해결책을 제시해야 한다. 과감한 보장은 그 전형적인 방법의 하나이다.

사례 현대자동차는 2009년 초 미국에서 "불확실한 때의 확실성 (certainty in uncertainty time)"이라는 광고캠페인을 벌여 큰 성공을 거둔 바 있다. 즉, 현대자동차의 새 고객이 빚을 갚아나가는 동안에 실직을 하면 현대는 그가 직장을 찾는 동안 3개월까지 돈을 대신 내준다. 3개월이 지나도 새 직장을 못 구하면 고객은 자동차를 돌려주기만 하면 된다.

2 약해진 경쟁사들의 고객을 끌어와라.

위기의 영향을 받는 정도는 회사마다 크게 다르다. 이럴 때 약화된 경쟁사들의 고객을 끌어오는 것은 크게 어렵지 않다.

사례 유럽의 어느 은행은 어려움을 겪고 있는 경쟁사들의 고객들에게 집중적으로 전화를 걸었다. 그 결과 예금이 24퍼센트나 늘어났다.

3 대금지불을 고객이 거두는 성공과 연동시켜라.

대금지불을 고객이 향유하는 성공과 연동시키면 고객이 아닌 공급자가 위험을 부담하게 된다.

사례 독일의 대표적인 히든 챔피언의 하나인 풍력터빈회사 에네르콘(Enercon)은 서비스가격을 제품의 수익성에 연동시켰다. 그랬더니 85퍼센트 이상의 고객들이 회사와 서비스계약을 맺었다.

4 회사의 재력을 영업에 활용하라.

신용위기로 말미암아 많은 고객들은 돈 쓰는 것을 꺼린다. 이럴 때 고객들에게 신용판매를 할 수 있는 회사는 크나큰 경쟁력을 갖게 된다. 그러나 회사가 이런 경우 리스크를 매우 신중히 검토해야 함은 두말할 나위도 없다.

사례 앞에서 언급한 에네르콘은 12년의 서비스계약 기간 중 첫 6년 동안은 서비스가격의 절반을 스스로 부담한다.

5 물물교환을 수용해라.

고객이 재무적인 사정으로 현금을 지불할 수 없을 때는 공급자에게 값어치가 있는 물품을 대신 받는 것도 한 대안이다.

사례 독일의 농약회사 진겐타(Syngenta)는 자금융통을 할 수 없는 농민들에게 먼저 그들이 원하는 물품을 공급한다. 그 대신 이 회사는 농민들의 미래의 수확물량의 일부분을 인수하여 그것을 선물시장에서 매각한다.

6 사무인력을 영업에 투입하라.

위기시대에는 사무인력을 과감히 영업현장에 투입할 필요가 있다. 대체로 더 많은 사람이 영업을 할수록 매출은 늘어나기 때문이다. 우리는 흔히 사무실의 관리직 요원은 이상적인 영업형이 아니라고 생각한다. 그러나 영업에서의 소박한 성공도 이들이 사무실에서 할 일 없이 지내며 사기를 떨어뜨리는 것보다는 낫다.

사례 독일의 조립제품회사 뷔르트(Würth)는 1990년대에 위기를 맞았을 때 사무인력의 10퍼센트를 영업으로 돌려 큰 성과를 거둔 바 있다.

7 우수영업사원의 노하우를 모든 영업사원이 공유하고 활용하라.

불황기에도 잘 파는 영업사원들이 있다. 회사는 그들의 다른 점이 무엇인가를 파악하고, 그들의 영업기법을 다른 사원들이 활용할 수 있도록 해야 한다.

사례 외형이 65억 달러가 넘는 자동차부품회사 레텔로(Retelo)는 우수영업사원들의 노하우를 분석하여 그것을 여섯 개의 전술로 정리하였다. 회사는 이것을 전수하는 워크숍을 즉각 시행하였고, 이로 말미암아 매출이 약 1억 달러 정도 올라갈 것으로 기대하고 있다.

8 교차판매(cross-selling)를 강화하라.

위기가 오면 고객과의 밀접한 관계를 활용하여 교차판매를 강화하는 것이 특히 중요하다. 교차판매를 하면 고객당 매출이 올라가며, 고객충성도도 올라간다. 또한 이것은 즉각 시행될 수 있으며, 개별적으로 팔 때는 불가능한 가격할인도 가능하다.

사례 은행고객들의 경우, 당좌예금계좌만 이용하는 고객에 비해 은행이 제공하는 서비스상품 세 개를 이용하는 고객으로부터의 수입은 약 2.7배, 네 개를 이용하는 고객으로부터의 수입은 약 4.2배 높다고 한다.

9 영업사원들에게 특별 인센티브를 제공하라.

옳은 방향의 인센티브를 충분히 제공하면 영업효과가 금방 나타난다. 대체로 매출보다는 마진에 비례해서 인센티브를 제공하는 것이 낫다. 위기시대에 특히 권장하고 싶은 것은 할인을 많이 해줄수록 수수료가 줄어드는 이른바 역(逆)할인 인센티브(anti-discount incentive)이다.

사례 유럽의 어느 컨설팅회사는 한 고객기업에게 역할인 인센티브를 제안하여 시행하게 했다. 그랬더니 두 달 사이에 평균 할인율이 16퍼센트에서 14퍼센트로 떨어졌다. 이것은 마진이 4퍼센트에서 6퍼센트로 올라간 것과 똑같은 결과를 가져왔다.

10 가격인하보다는 공급물량의 감소를 감수하라.

위기란 판매물량이나 가격, 또는 판매물량과 가격 모두가 떨어지는 것을 말한다. 그런데 대체로 아래의 간단한 보기에서 보다시피 판매물량의 감소는 가격하락보다 이익을 덜 해친다.

> 보기 : 가격 100, 판매량 100만, 단위원가 60
> → 총마진 : 4,000만
> 값이 10퍼센트 떨어져 90이 된다.
> → 총마진: 30×100만 = 3,000만(= −25퍼센트)
> 물량이 10퍼센트 떨어져 90만이 된다.
> → 총마진: 40×90만 = 3,600만 (= −10퍼센트)

따라서 기업은 위기가 오면 적극적으로 공급물량을 줄이고 가격을 안정시키려고 노력해야 한다. 그 반대로 하면 안 된다.

사례 2009년 6월 12일자 《월스트리트저널(Wall Street Journal)》에

따르면, 델타(Delta)항공은 해외운항 편수를 15퍼센트, 그리고 국내 편수는 6퍼센트 줄일 것이라고 한다. 또한 아메리칸 항공(AA)도 운항편수를 7.5퍼센트 줄이고 있다.

11 값을 깎아주지 말고, 물품으로 할인을 해주어라.

값을 내리지 않는 대신 물품을 더 주는 형태로 할인을 해주면 다음과 같은 이점이 있다.

- 가격의 수준이 유지된다.
- 더 많은 물량을 생산해야 하므로 해고의 필요성이 줄어든다.
- 이익이 덜 감소한다.

사례 유럽의 어느 보트회사는 소매상에게 보트를 다섯 대 사면 한 대를 더 주고 있다. 그 결과는 다음과 같다.

가격 10,000 변동비 6,000 할인율 6분의 1 = 16.7퍼센트
매출액 50,000 총원가 36,000 마진 14,000

반면에 값을 16.7퍼센트 내리면,
매출액 42,000, 총원가 30,000이므로
마진이 12,000으로 떨어진다.

12 가격인하 압력에 대해 저항하라.

가격인하는 이익에 결정적인 악영향을 미친다. 따라서 기업은 모

든 수단을 강구하여 고객의 가격인하 압력에 적절히 대응함으로써 인하의 폭을 줄여야 한다.

사례 평상시에도 마진율이 낮은 산업재 공급회사들은 불황기에 더욱 가격인하 압력에 시달리기 마련이다. 유럽에서 이러한 회사 56개를 대상으로 한 연구결과에 따르면, 성공적인 회사들은 가격인하율이 1.4퍼센트였고, 그렇지 않은 회사들은 3.8퍼센트였다.

위기의 시대에는 이렇게 경쟁사보다 값을 덜 내리는 것도 크나큰 성공이다.

13 지금까지 가격에 포함되어 있던 서비스를 분리하여 값을 부과하라.
경우에 따라서 기업은 지금까지 여러 요소를 포함하고 있는 최종가격에서 몇몇의 개별요소를 분리한 후, 각각의 요소에 따로 값을 매길 수 있다. 이렇게 함으로써 기업은 사실상 값을 올리게 되며, 이러한 조치는 이윤의 상승으로 이어질 수 있다.

사례 저가항공사 라이언에어(Ryanair)는 2006년에 손님들의 여행 가방에 4.5달러씩 부과하기 시작했다. 그 결과 그 다음 분기의 이익이 30퍼센트나 올라갔다고 한다.

14 업계 전체가 공급을 줄이도록 노력하라.
불황기에는 공급이 수요보다 많으므로 각 기업은 업계 전체가 공급을 줄이고 시장에 대한 압박을 완화함으로써 가격이 안정되도록 노력할 필요가 있다. 이를 위해 기업은 공급물량을 줄일 것이라는 신호를 확실히 내보내고, 그러한 정책을 고수해야 한다. 그러나 많은 사람들이 값을 낮추면 매출이 안정되고, 시장점유율이 올라갈 것이라고 착각한다. 하지만 어떤 회사가 그러한 행동을 하면 경쟁사들도 따라하게 마련이다. 그러면 최악의 경우 가격전쟁이 일어나고, 모든 경쟁사의 마진이 줄어들며, 전체물량도 늘어나지 않는다. 그래서 기업은 물량축소의 신호와 함께 시장점유율을 지키겠다는 의지도 명백히 해야 한다. 경쟁사의 어리석은 행위로 말미암은 가격전쟁만큼은 반드시 피해야 하기 때문이다.

사례 유럽의 대형여행사 TUI와 토마스쿡(Thomas Cook)은 유럽 시장에서의 공급을 대폭 줄였다.

15 비선형가격기법을 도입하라.

고객이 구입하는 물량이 늘어남에 따라 단가가 떨어지는 비선형 가격기법은 빨리 시행할 수 있으며, 판매효과도 금방 나타난다. 그래서 불황기에는 특히 서비스업계에서 고려해볼 만하다.

사례 독일 국영철도(도이치반)의 철도카드(반카드)는 비선형 가격 책정의 대표적인 성공사례다. 1등칸 카드는 450유로, 2등칸 카드는 225유로인데, 이 카드만 있으면 고객은 1년 동안 모든 구간에서 50퍼센트 할인혜택을 받는다.

16 서비스계약을 맺는 고객들의 비율을 높여라.

서비스는 제품보다 위기의 영향을 상대적으로 덜 받는 경향이 있다. 그래서 서비스 판매활동을 강화함으로써 서비스계약을 맺는 고객의 비율을 높이는 것이 좋다.

[사례] 기중기회사 데막 크레인(Demag Crane)은 기존고객의 40퍼센트와 서비스계약을 맺고 있는데, 이 비율을 50퍼센트로 올리려고 한다.

17 서비스제공의 융통성을 높여라.

위기의 시대에는 서비스제공의 융통성이 크게 중시될 때가 많다.

[사례] 어느 영국회사가 한 고급 호텔에 카펫을 까는 프로젝트를 세계적인 명성을 가지고 있는 독일회사를 제치고 따낼 수 있었다. 그것은 이 회사 직원들이 호텔이 원하는 시간 내에 카펫을 깔기 위해 밤낮으로 일하고 주말에도 나와서 작업을 했기 때문이었다. 독일회사는 그러한 서비스 제공의 융통성이 없었다.

18 중고시장, 수리 및 수선시장, 애프터서비스시장 등의 애프터시장 (After market)에 눈을 돌려라.

불황기에는 새로운 고객 또는 OEM시장은 확보하기 어렵지만, 반면에 수리, 수선, 교체, 수리용 부품, 애프터서비스시장 등의 이른바 애프터시장은 오히려 활기를 띨 수 있다.

사례 자동차 타이어는 신차뿐만 아니라 오래 써서 닳은 타이어를 교체할 때도 필요하다. 실제로 타이어 애프터시장의 크기는 신차타이어시장의 약 3배이다.

위기시대에 기업이 피해야 할 실수

우리는 지금까지 판매의 위기라고 할 수 있는 이번 위기를 극복할 수 있는 여러 가지 마케팅 방안을 논의하였다. 끝으로 우리가 여기서 꼭 강조하고 싶은 말이 있다. 그것은 위기의 시대에는 올바른 정책을 빨리 시행하는 것 못지않게 큰 실수를 하지 않는 것이 아주 중요하다는 사실이다. 위기시대의 큰 실수는 곧바로 기업의 파산으로 이어질 수 있기 때문이다. 위기시대에 기업이 반드시 피해야 하는 실수는 대체로 다음과 같다.

- 허술한 유동성관리
- 생각 없이 서두르고 즉흥적으로 행동하기
- 단기적으로 돈이 들어가지만 효과는 먼 훗날에 나타나는 조치를 취하기
- 값을 턱없이 많이 내리기
- 무분별한 대량해고

기업이 위기의 시대를 맞아 이러한 실수를 피하면서 달라진 소비자들과 경쟁사들의 행동을 잘 감안한 위와 같은 마케팅 조치를 적극적으로 즉각 취한다면 그것의 생존가능성은 획기적으로 높아질 것이다.

위기에 처했을 때의 시장전략

경기침체에 따르는 어려움에 부딪혔을 때 대부분의 회사들은 주로 단기적인 원가절감에 초점을 맞춘다.

반면에 그들은 시장 쪽으로는 상대적으로 주의를 덜 기울이는 듯하다. 즉, 경영자들은 현재의 시장상황은 고정된 것이라고 생각한 나머지 매출이 떨어지는 것을 어찌할 수 없는 것으로 받아들이는 경향이 있다.

그러나 바로 위기일 때 기업이 시장 쪽에서 취할 수 있는 조치는 다양하다. 그리고 그런 것들을 제대로만 쓰면 기업은 불황 속에서도 매출을 늘리고, 시장점유율을 높일 수 있는 것이다. 여기서는 그것들 가운데 몇 가지만 살펴보기로 한다.

포지셔닝의 적응

위기가 오면 고객들의 가치관과 취향도 달라지는 경우가 많다. 사치품이나 기타 비싼 제품에 대한 수요는 줄고, 안정·위험회피·경제성·단기효과 등의 개념이 사람들의 관심을 끈다. 기업은 고객들의 이러한 바뀐 분위기에 맞춰 현재의 포지셔닝을 다듬을 필요가 있다. 예를 들어, 경기가 좋을 때는 고객들이 높은 위험과 높은 수익률의 투자상품을 선호하지만 불황이 닥치면 그들은 안전한 단기투자 기회를 찾는다. 따라서 은행을 비롯한 금융회사들은 고객들의 이러한 욕구를 가장 잘 만족시킬 수 있는 투자도우미로 자사를 포지셔닝 하는 편이 더 나을 것이다. 또 정밀한 경제성과 회수기간 분석이 아주 중시되는 기계제작 부문이나 엔지니어링산업에서 경영자가 고객회사들의 지불기한을 늘려준다면, 추가적으로 프로젝트를 더 따낼 수 있을지도 모른다.

이러한 보기는 얼마든지 더 들 수 있다. 그러나 여기서 무엇보다 중요한 것은 불경기의 영향으로 달라진 소비자들의 성향에 맞춰 기업이 포지셔닝을 바꿀 수 있는 기회와 가능성이 무척 많다는 사실이다.

고객유지활동의 강화

기업이 현재의 위기를 얼마나 잘 극복하느냐는 상당부분 자사의 고객들을 얼마나 유지하는가에 달려 있다. 우리 회사에 충성하는 고객들의 가치는 불황기에 특히 크다. 그러나 모든 고객들을 다 붙잡아두려 애쓸 필요는 없다. 경영자는 각 고객 또는 고객집단이 회사의 매출과 수익에 얼마나 기여하는가를 파악해야 한다. 그 결과 일부 고객들과는 거래를 끊어야 할지도 모른다. 상황이 안 좋을수록 경영자는 회사의 자원을 더욱 효율적이고 효과적으로 써야 하기 때문이다.

다른 기업들을 고객으로 하는 업종의 경우에는, 개인적인 접촉을 더 열심히 해야 한다. 그렇게 함으로써 회사는 고객회사의 부가가치 창출과정의 여러 단계에 깊숙이 들어가게 된다. 그러면 고객과의 관계가 더 밀접해질 뿐만 아니라, 통상 고객당 수익도 더 늘어난다. 제록스(Xerox)가 고객들에게 단지 복사기만 팔지 않고, 기계·종이·서비스 계약까지 포함하는 포괄적인 패키지를 제공하는 것이 그 좋은 보기라 하겠다. 소비재산업에서는 각종 고객충성프로그램이 하루가 멀다 하고 쏟아져나오고 있다. 그래서 이것도 차별화가 매우 중요하다. 소수의 정선된 고객들만 이용할 수 있는 은행의 PB(private banking)서비스는 기업의 이러한 차별화 노력의 일환이다.

새로운 세분시장의 개발
위기가 닥치면 경영자는 전략적으로 중요한 세분시장 이외의 추가적인 세분시장을 적극적으로 개척해야 한다. 예를 들어, 은행들은 그 전에는 별로 주목하지 않았던 가난한 고객들을 찾아 나서는가 하면, 은행서비스와 보험서비스를 하나로 묶은 결합상품을 팔기도 한다. 기업은 또 지금까지 자사의 제품·서비스를 위해서만 쓰던 자사의 독특한 능력을 경쟁제품을 위해서도 씀으로써 새로운 세분시장과 사업영역을 개척할 수 있다. 그 좋은 보기가 세계 최고의 중장비회사 캐터필러이다. 건설업계에서는 매우 중요한 부품배달서비스 면에서 탁월한 능력을 가지고 있는 이 회사는 그 서비스를 경쟁사들에게도 제공함으로써 완전히 새로운 사업을 키워나갈 수 있었다.

시장점유율 올리기

위기가 오면 경쟁은 더욱 치열해지게 마련이다. 그야말로 "먹느냐 먹히느냐"의 싸움이 된다. 그러나 기업이 위기의 시대에 겪는 이러한 무서운 경쟁은 오히려 경쟁력 강화의 계기가 되기도 한다. 유럽의 항공산업은 그 좋은 실례이다. 즉, 여러 회사들이 힘겨운 경쟁에 시달리고 있지만, 루프트한자(Lufthansa)와 라이언에어는 약진하고 있다. 이러한 회사들은 기본적으로 경쟁사들보다 가격에 비해 더 나은 성과(서비스)를 제공함으로써 시장점유율을 높이고 있다고 볼 수 있다. 즉, 고객들이 스스로 지불하는 값에 대비해볼 때 훨씬 더 높은 가치를 받고 있다고 느끼게 하는 것이 관건이다.

불황기는 또한 어려움을 겪고 있는 경쟁사를 싸게 살 수 있는 시기이기도 하다. 경영자는 전략 · 재무 · 기업문화 등의 여러 측면을 고려한 후에 그런 회사를 사기로 결정할 수 있다. 그러면 우리 회사의 시장점유율이 단숨에 올라간다. 이렇게 경쟁사의 인수는 기업이 불황기에 시장점유율을 올리기 위한 전략적 수단의 하나가 될 수 있다.

우리는 지금까지 위기를 맞았을 때의 시장전략의 여러 측면을 살펴보았다. 모든 위기는 언제나 기회이기도 하다. 어려울 때일수록 경영자는 자사의 전략과 현 위치를 면밀히 재검토하고, 새로운 상황에 맞게 유연하게 그러나 단호하게 대처해야 할 것이다.

21세기 마케팅의
새로운 과제

큰 희망을 품고 새천년을 맞이한 것이 엊그제 같은데 벌써 10년이나 지났다. 그동안 나라 안팎에서는 많은 변화가 있었고, 또 좋은 연구성과도 적지 않게 나왔다. 이러한 시점에서 기업경영의 핵심인 마케팅이 앞으로 부딪히게 될 주요과제를 생각해보는 것이 이 글의 목적이다.

1 가난한 고객들

지난 20여 년 간 경제성장의 견인차는 세계화였다. 그런데도 미국의 비제이 마하잔(Vijay Mahajan) 교수에 따르면 마케팅이 인류의 86퍼센트를 무시하고 있다고 한다.[14] 즉, 세계 인구의 86퍼센트

---

14) 마하잔의 새 저서 《The 86% Solution: How to Succeed in the Biggest Market Opportunity of the Next 50 Years》에 의거.

는 1인당 연간소득이 1만 달러 이하이고, 따라서 기업들의 관심을 끌고 있지 못하다는 것이다. 그는 기업들이 이들을 적극적으로 육성해야 하는 목표고객집단으로 간주하고, 그들에게 맞는 제품과 유통경로 등을 개발해야 한다고 역설하고 있다. 그는 많은 사례를 들어가며 기업이 전략만 제대로 세우면 가난한 고객들에게서도 수익을 올릴 수 있다는 것을 보여주고 있다.

2 시장점유율이 아닌 이익지향

지난 수십 년간 기업들이 범한 전략상의 가장 큰 오류는 시장점유율에 초점을 맞춘 것이다. 세계의 수많은 경영자들은 오랫동안 경험곡선, BCG 도표, 잭 웰치의 1위 기업론, 제1차 인터넷 붐 등의 영향을 받아 모든 수단을 동원하여 시장점유율의 극대화를 꾀하거나, 그것을 지키는 데 힘을 기울여왔다. 그러나 그러한 점유율 위주의 정책을 펴온 회사들은 거의 대부분 낮은 수익률에 허덕이고 있다. 그래서 이제는 자본시장조차도 수익위주의 새로운 패러다임을 요구하고 있다. 중요한 것은 이익이지 시장점유율이 아니다.

3 고령인구의 빠른 증가 및 젊은 세대의 빠른 감소

한국을 비롯한 많은 산업국가들의 인구는 급속히 늙어가고 있다. 노인들은 대부분 비정규직 근로자로 일하게 될 것이며, 그들의 정치적 발언권은 커질 것이다. 또한 연금문제는 선거 때마다 주요쟁점이 될 것이다. 성인평생교육산업이 급성장할 것이고, 제2의 경력을 추구하고 인생의 후반부를 새롭게 살려는 사람들의 수가 급속히 늘어날 것이다.

이렇게 노령화로 말미암아 많은 변화가 일어나고 있음에도 불구하고, 기업들은 여전히 젊은이시장에만 주로 신경을 쓰고 있는 듯하다. 극소수의 예외를 제외하면, 고령화 또는 고령화 접근사회에 맞춘 마케팅을 본격적으로 전개하고 있는 회사는 아직 잘 눈에 띄지 않는다.

4 친환경마케팅

현대의 소비자들은 너무나 많은 자원을 쓰고 있다. 그 결과 우리는 환경오염, 지구온난화, 희귀자원 부족 등의 문제에 부딪히고 있다. 지금까지 마케팅은 이러한 문제들의 해결에 전혀 이바지한 바없다. 아니 오히려 환경문제의 악화에 마케팅이 일익을 담당해왔다고 해도 지나친 말이 아니다. 이러한 사정은 이제 조금씩 변하고 있는 듯하다. 예를 들어, 세계 최대의 소매업체인 월마트는 협력회사들에게 엄격한 환경기준을 만족시키는 제품만을 납품해줄 것을 요구하기 시작했다. 또한 환경친화제품에 대해서는 값을 더 지불할 용의가 있다고 말하는 고객들도 생겨나고 있다. 고객들을 상대로 이러한 환경관련 테마를 어떻게 다루는가는 미래의 마케팅에 주어진 어려운 과제의 하나이다.

5 마케팅철학의 내재화

우리는 흔히 삼성전자나 IBM, 노키아(Nokia), BMW 같은 큰 회사의 뛰어난 마케팅 솜씨에 매료되곤 한다. 그런데 우리가 연구한 바에 따르면, 우리가 히든 챔피언들이라고 부르는 초일류 중소기업들은 그러한 대기업들 못지않은, 아니 어떤 면에서는 그들보다 더 뛰어난 업적을 올리고 있다.

그런데 재미있는 것은 이들에게 '마케팅'이란 아직도 생소한 용어이다. 즉, 그들은 고객관리, 품질, 서비스 등의 면에서 누구보다 훌륭하게 마케팅을 잘하고 있음에도 불구하고, 마케팅 전문지식이 부족하고 마케팅 부서를 가지고 있지 않은 경우가 태반이다. 하지만 그 대신 고객위주의 태도 및 문화가 회사 전체를 관통하고 있다.

이렇게 조직 전체, 모든 임직원들이 일관되게 고객과 그들의 욕구에 세심한 주의를 기울이는 기업문화를 어떻게 창출하고 정착시키느냐가 21세기의 마케팅에 던져진 난제 중의 난제다. 여기서 말하는 고객은 말할 것도 없이 회사 안팎의 고객을 모두 가리킨다. 오늘날 개념으로서의 마케팅은 잘 정립되어 있지만, 조직에 내재화된 철학으로서의 마케팅은 대부분의 기업에서 이제 막 걸음마 단계에 있을 뿐이다.

시장점유율의
신화에서 벗어나자

　전략이론의 역사를 되돌아보면, 지난 1970년대는 그야말로 '시장점유율'의 시대라고 해도 지나친 말이 아니다. BCG를 비롯한 컨설팅회사, 〈하버드 비즈니스 리뷰(Harvard Business Review)〉를 비롯한 경영잡지, 하버드를 비롯한 세계의 주요 경영대학원에서 하나같이 시장점유율의 중요성을 강조했기 때문이다.

　이렇게 시장점유율을 중시하는 풍토는 아직도 짙게 남아 있다. 많은 회사들에게 있어서 시장점유율은 건드릴 수 없는 성역이다. 자존심이 강한 회사들은 설사 이익이 줄어드는 한이 있더라도 점유율을 유지하려고 한다. 이와 관련하여 어느 자동차회사의 고위임원은 "이익은 20퍼센트가 줄어도 아무 일도 일어나지 않을 수 있다. 그러나 시장점유율은 0.5퍼센트만 떨어져도 회사 전체가 떠들썩해진다"라고 말한 바 있다.

　점유율을 지킨다 함은 대체로 가격전쟁을 하는 것을 뜻한다. 그러나 가격전쟁은 모두에게 피해를 줄 뿐이다. 시장에 들어와 있는 모든 회사들의 이익이 줄어들 뿐만 아니라, 시장의 이익잠재력 자체를 크게 떨어뜨리기 때문이다. 아래의 PC시장 이야기는 그 전형적인 보기이다. 이 시장에서 2001년에 델(Dell)이 공격적인 가격전략으로 수위를 차지하자 경쟁사였던 컴팩(Compaq)과 휴렛-패커드(Hewlett-Packard)는 합병을 하는 것으로 대항했다. 또한 강한 상표 이미지를 가지고 있던 IBM의 PC사업부를 인수한 세계 제3의 PC회사인 중국의 레노보(Lenovo)는 막강한 원가경쟁력을 무기로 선도기업 델에 맞서고 있다. 즉, 델의 공격적인 행동은 결과적으로 산업 전체의 수익률을 떨어뜨렸을 뿐이다.

　그러면 이렇게 많은 회사들이 이익보다는 점유율에 더 신경을 쓰는 까닭은 무엇일까? 그것은 다음과 같다.

　첫째, 앞에서 언급한대로 시장점유율 위주의 전략론이 꽤 오랫동안 학계와 업계를 지배했고, 그러한 사상이 현재의 경영자들에게 아직도 적지 않은 영향을 미치고 있기 때문이다.

　둘째, 오늘날 성공한 경영자들의 상당수는 과거에 신규시장을 적극적으로 개척하거나 경쟁사들에게 과감하게 맞서는 등 공격적인 전략을 써서 좋은 성과를 거둔 바 있다. 그러한 업적을 바탕으로 출세한 사람들은 대개 강한 승부욕을 가지고 있게 마련이다. 즉, 현대의 많은 경영자들은 경쟁에서 이기고자 하는 욕구가 매우 강하다.

셋째, 많은 경우 특히 성장시장에서는 시장점유율이 떨어지면 주가도 함께 떨어지는 경향이 있다. 투자자들이 점유율을 기업의 혁신능력 및 고객효용의 지표로 보기 때문이다. 반면에 시장점유율이 오른다고 해서 주가가 반드시 함께 오르지는 않는다. 예를 들어, 아마존(Amazon)은 최근에 매출액이 22퍼센트나 늘었는데, 주가가 20퍼센트 이상 떨어졌다. 주식시장은 낮은 가격과 무료배달 등으로 얻은 시장점유율을 높이 평가하지 않았던 것이다. 끝으로, GE의 회장을 역임한 전설적인 경영자 잭 웰치의 그 유명한 아래의 경영방침이 세계의 적지 않은 기업인들로 하여금 시장점유율에 집착하게 한 것으로 보인다.

"각 사업부는 시장에서 반드시 1위 또는 2위를 해야 한다."

그러나 이러한 웰치의 점유율 위주의 사고방식은 이미 거센 도전을 받고 있으며, 다음의 GM(General Motors, 제너럴모터스)의 사례에서 보다시피 점유율이 아닌 이익 위주의 경영패러다임을 채택하고 있는 기업이 속출하고 있다. GM은 2005년만 해도 포드(Ford), 크라이슬러(Chrysler) 등의 경쟁사들과 치열한 할인경쟁을 벌인 바 있다. 그러나 막대한 자금이 투입되었음에도 불구하고 GM의 시장점유율은 떨어지기만 했다. 이에 파산하기 직전의 지경에 이른 GM은 드디어 할인액을 줄이는 방법으로 값을 18퍼센트 올렸다. 그랬더니 매출은 7퍼센트 줄었지만 이익은 무려 328퍼센트나 늘어났다.

그러면 GM이 범한 것 같은 오류를 피하기 위해 기업은 어떻게 해야 하나? 무엇보다 경영자는 먼저 "기업경영의 궁극적인 목적은 경쟁사를 파괴하는 것이 아니라, 고객들을 감동시키고 수익을 올리는 것이다"라는 기본명제를 되새길 필요가 있다.

이러한 이익중심의 경영패러다임을 회사에 뿌리내리게 한 다음의 과제는 그것에 걸맞은 경쟁전략을 새로 짜는 것이다. 어떤 시장에서 우리는 공격적인 행동을 그만두어야 하나? 또 어떤 시장에서는 우리가 공격을 받을 경우 강하게 되받아쳐야 하나? 대답은 간단하다. 만약 고객들이 느끼는 우리 제품의 값어치가 가장 뛰어난 경쟁사의 제품보다 못하면 경영자는 될 수 있는 대로 공격적인 조치를 취하지 말아야 한다.

반면에 우리 제품이 경쟁제품보다 못하지 않으면 아주 선별적으로만 시장방어를 위해 값을 내려야 한다. 부득이한 경우에는 그렇게 함으로써 경쟁사에게 그들의 공격적인 행동이 소기의 성과를 거두지 못할 것이라는 신호를 보내는 것이다.

끝으로 이러한 새로운 경쟁전략이 성공하려면, 시장이 우리 회사가 어떻게 나올 것인가를 예측할 수 있어야 한다. 한 기업의 행동의 예측가능성은 그 기업이 일관성 있게 행동하고, 명확한 메시지를 지속적으로 내보내야만 생겨난다.

이와 같이 기업이 시장점유율 위주의 경영패러다임에서 벗어나서 이익중심의 경쟁전략을 추구하는 것은 결코 쉽지 않다. 그러나 그것은 해볼 만한 값어치가 충분히 있다.

직업으로서의
마케팅의 쇠퇴

　20세기가 낳은 최고의 경영학자 피터 드러커(Peter F. Drucker)는 이미 1950년대에 《경영의 실제(The Practice of Management)》라는 책에서 "기업의 핵심기능은 마케팅과 혁신뿐이다"라고 갈파한 바 있다. 또한 필립 코틀러를 비롯한 마케팅의 대가들은 한결같이 마케팅이 기업의 가장 중요한 기능이고 기업은 마케팅조직(marketing organization)이 되어야 번창할 것이라고 강조해왔다. 이러한 말들은 마케팅 분야의 학생, 연구자, 교수들의 자부심을 높이고, 이 분야에 많은 인재들이 몰리게 하는 데 큰 도움을 준 것이 사실이다.

　그러나 현실은 어떠한가? 우선 마케팅 출신의 임원이 삼성전자, 현대자동차, 포스코, SK텔레콤 등 한국이 내세울 만한 주요기업의 CEO가 되는 경우는 아주 드물다. 그리고 많은 회사들이 고객지향을 내세우지만, 정작 회사 안에서는 마케팅이 힘을 잃고 있다. 저자 중한 사람인 유필화는 지난 10여 년간 몇몇 회사의 사외이사로서 많은이사회에 참석하였지만, 기업의 정책방향을 결정하는 중요한 회의에서 마케팅문제가 논의된 적은 거의 없다고 한다. 또한 지난 20년간 기업경영에 크나큰 영향을 준 경영아이디어들을 살펴보자.

Total Quality Management(TQM)와 리엔지니어링은 생산관리에서, Economic Value Added(EVA)와 M&A는 재무관리에서, Balanced Scorecard(BSC)는 회계학에서, 그리고 핵심역량은 전략분야에서 각각 주도해왔으며, 마케팅이 선도했던 아이디어는 없다. 이러한 현실을 보고 단 레만(Don Lehman)이나 프렛 웹스터(Fred Webster) 같은 마케팅 학자들은 마케팅이 주변 분야로 전락할 위험이 있다고 걱정하고 있다. 그러나 한편 컨퍼런스보드(Conference Board)가 2002년에 발표한 조사결과에 따르면, 고객 유지, 가격압박 등의 마케팅문제가 무엇보다도 중요한 CEO들의 관심사라고 한다. 즉, 마케팅의 중요성은 더 커지고 있는 반면, 기능으로서의 마케팅은 점차 영향력을 잃고 있는 것이다.

그러면 이러한 괴리의 원인은 무엇일까? 나는 전통적으로 전문성을 중시해온 우리 분야의 풍토가 그 중요한 원인의 하나라고 생각한다. 즉, 학자들은 4P와 관련된 전술적 이슈에 주로 매달려왔으며, 그러한 학자들로부터 훈련을 받은 학생들은 선이 굵은 경영자가 되기보다는 전문능력의 제고에 더 관심이 많았다. 그 결과 마케팅은

CEO들을 매료할 만한 큰 아이디어를 제시하지 못했고, 마케팅활동의 효율향상에만 초점을 맞추는 마케팅 관리자들은 기업 내에서 혁신의 견인차 구실을 하지 못했다. 그렇다면 어떻게 해야 마케팅이 그 중요성에 걸맞은 위상을 되찾고, 회사의 운명을 결정하는 대화에 참여할 수 있을까?

우리는 먼저 기능보다는 과정, 전문화보다는 통합에 점점 더 무게를 두는 현대기업경영의 추세에 주목할 필요가 있다. 이러한 시대에는 마케팅이 기업에서나 학교에서나 CEO들의 관심을 끌 수 있는 그들의 의제를 적극적으로 다루어야 한다. 즉, 강력한 브랜드 리더십의 확립, 회사의 전반적인 고객관리능력의 제고, 새로운 사업기회의 모색, 세계적인 대형유통업체에 대한 대응, 제품이 아닌 가치와 해결책(solution)의 창출, 가격압박에 대한 대응책 등 최고경영자들이 부딪치고 있는 전략적 과제에 대한 해답을 구체적으로 제시해야 할 것이다. 그런데 이러한 과제는 마케팅부서가 아닌 회사 전체의 차원에서 접근해야만 해결할 수 있다. 따라서 마케팅은 가치사슬 전체를 이해할 수 있어야 한다. 즉, 마케팅은 좀 더 범기능지향적(cross-functional oriented)이 되어야 한다.

결론적으로 말해 이 시대의 요구되는 직업(profession)으로서의 마케팅의 핵심덕목은 전략지향과 범기능지향이라고 저자들은 생각한다.

마케팅의 기본

고객과의 시간을 늘리자

　시장에서 성공하기 위한 핵심요건의 하나는 우리 회사직원들이 고객과 직접 접촉하는 데 쓰는 시간이다. 이것은 영업부서 및 기타 고객담당부서뿐만 아니라 회사의 구성원 모두에게 해당되는 이야기다. 대부분의 경우 기업에 있는 사람들이 실제로 고객들과 함께 보내는 시간은 매우 적다. 바로 여기에 엄청난 개선의 여지가 있다. 고객과의 시간을 늘리는 것은 영업은 두말할 나위 없고, 제품개발, 과정의 조직화(process organization), 변화관리 등 경영의 여러 측면에 큰 도움을 줄 수 있기 때문이다.

　독일의 크리스틴 리치(Christine Licci)라는 여성경영자는 독일 씨티은행의 행장으로 재임하면서 씨티직원들이 고객들과 보내는 시간을 60퍼센트나 올렸다고 한다. 또 삼성생명 및 대한생명과 치열한 보험영업경쟁을 벌이고 있는 교보생명은 결국 성공의 열쇠는 교보의 1만8천 보험설계사들의 활동량을, 즉 고객과 함께 있는 시간을 늘리는 것이라고 결론지었다. 그래서 교보는 설계사들의 실제활동량을 늘리는 방향으로 그들을 지도하고 있다.

회사가 이렇게 시간이라는 희소자원을 고객을 위해 더 많이 쓸 수록 같은 제품이 더 많이 팔리는 것은 물론이고, 교차판매(cross-selling), 즉 같은 회사의 다른 제품 및 서비스의 판매도 늘어나게 마련이다. 뿐만 아니라 고객과의 관계도 더 깊어진다. 고객들과의 지속적이면서도 밀접한 관계는 그들을 위해 시간을 투자해야만 얻을 수 있는 회사의 귀중한 자산이다.

그러나 현실을 보면 영업사원들조차 그들 시간의 매우 적은 부분만을 고객들과 직접 접촉하는 데 쓰고 있다. 특히 고객들이 여기저기 흩어져 있어 이동하는 데 시간을 많이 쓰면 더욱 그 비중이 낮아진다.

전문가들에 따르면 영업사원들의 전체 근무시간에서 그들의 실질적인 영업활동이 차지하는 비율이 3분의 1을 넘는 경우가 드물다고 한다. 물론 아무리 노력해도 이것이 100퍼센트가 될 수는 없을 것이다. 고객을 만나러 가는 시간, 방문을 위한 준비시간, 방문이 끝난 후의 정리시간 등은 어차피 피할 수 없다. 그럼에도 불구하고 개선의 여지가 많다고 말할 수 있는 것은, 많은 기업에는 아직도 관료주의가 지나치게 팽배해 있기 때문이다. 고객과의 시간을 늘리려면 관료주의를 무너뜨리고 각종 보고서작성 등의 잡무를 과감히 줄여야 하며, 방문계획을 더 치밀하게 짜야 한다. 이러한 목적을 달성하려면 실제로 고객을 접촉하는 사람들의 일을 줄여주어야 한다.

오늘날 대부분의 기업에는 사람이 너무 많다. 그래서 경영자는 내근직원들을 어떻게 활용하면 영업사원들이 관료주의에서 해방되고 그들이 고객들과 더 많은 시간을 보낼 수 있을까 하는 문제를 검토할 필요가 있다. 지금까지 안에서만 근무하던 사람이 훌륭한 영업사원으로 변신하는 경우는 흔치 않다.

그러나 내근사원들을 영업전선에 배치하는 것은 영업사원들이 짊어져야 하는 관료주의라는 짐을 덜어준다는 긍정적인 효과를 낳을 수 있다. 고객들과의 시간을 늘리기 위한 또 하나의 방안은 외부 인력을 투입하는 것이다. 예를 들어, 해외에서는 콜센터가 외근영업사원들을 위해 스케줄관리를 해줌으로써 그들이 고객과 보내는 시간을 늘리는 데 이바지하고 있다. 만약 이러한 방법으로 고객과 함께 있는 시간이 15퍼센트에서 20퍼센트로 오른다면, 실질적인 영업시간이 3분의 1이나 늘어나는 효과가 있는 것이다.

고객과의 시간은 영업부서하고만 관계가 있는 것이 아니다. 세계시장을 석권하고 있는 초일류 중소기업들, 이른바 히든 챔피언들의 직원들은 비율로 보면 대기업 직원들보다 평균 다섯 배나 많은 사람들이 정기적으로 고객들과 접촉하고 있다. 이런 것이 바로 진정한 의미의 고객지향정신이다.

　그렇다면 대기업은 어떻게 해야 하는가? 어느 석유회사의 최고경영자는 분기에 한 번씩 주유소 등의 현장에서 직접 근무한다. 호텔체인 하얏트는 시카고 본사의 업무를 일주일 동안 중단하고 모든 임직원들이 이 기간 동안 하얏트 체인망에 속해 있는 각 호텔에서 객실담당, 웨이터, 응접계 등으로 일한 적이 있다. 일본의 혼다, 미국의 휴렛-패커드, 뒤퐁의 엔지니어들과 생산직 사원들은 가끔 고객들을 방문하여 그들의 의견을 직접 듣고 또 현장에서 그들의 문제점을 손수 파악한다.

　도이치텔레콤(Deutsch Telecom)의 사장 카이-우베 리케(Kai-Uwe Ricke)는 2005년에 도이치텔레콤의 모든 임원들로 하여금 1년에 닷새 동안 고객들과 만나는 현장에서 근무하도록 하는 방침을 발표한 바 있다. 그는 이 프로그램을 성공시키기 위해 임원들의 현장활동을 그들의 보너스에 반영하고 있다. 회사가 취하는 이러한 상징적인 조치들은 회사내부에 상당한 영향을 주었고 또 줄 것이 틀림없다.

　지금까지 우리가 논의한 내용은 모두 지극히 간단하고 상식적인 이야기다. 그래서 하찮게 들릴 수도 있다. 그러나 기업은 그저 그렇게 해야 한다. 많은 회사들이 고객을 끌어들이기 위해 쓰고 있는 엄청난 비용을 생각하면 그들은 아마 지금보다 한층 더 열심히 그렇게 해야 할 것이다.

때로는
고객을 잃는 편이 더 낫다

　요즘도 우리나라의 SK텔레콤과 KT, 그리고 LG텔레콤은 더 많은 고객을 얻으려는 경쟁을 치열하게 벌이고 있다. 냉장고시장에서는 삼성의 지펠과 LG의 디오스 사이의 싸움이 극심하다. 또한 섬유유연 제시장에서는 1위 기업인 피죤과 그것을 따라잡으려는 LG생활건강이 한 치의 양보도 없는 쟁탈전을 계속하고 있다.

　우리는 이렇게 소수의 경쟁사들이 시장에서 끝없이 격돌하고 있는 보기를 텔레비전이나 소주 등의 다른 시장에서도 쉽게 찾아볼 수 있다. 이러한 상황에서 만일 높은 시장점유율을 가지고 있는 선도기업을 기존의 또는 새로운 경쟁사가 강하게 공격해오면, 그 선도기업은 어떻게 해야 할까? 가장 흔한 대응책은 말할 것도 없이 값을 내려 시장을 지키는 것이다. 많은 경영자들이 이와 관련하여 다음과 같은 이야기를 한다.

"신문에 우리 회사의 고객들이 떠나가고 있다는 기사만 나오면, 제 자리가 흔들립니다."

"시장점유율이 떨어지면 저는 크게 야단을 맞지만, 이익은 조금 줄어도 별 탈이 없습니다."

실제로 최근에 도이치텔레콤은 몇 달 동안에 150만 명의 고객이 이탈하자, 이익 등의 다른 경영지표가 좋았음에도 불구하고 카이–우베 리케 회장을 해임한 바 있다. 이와 관련하여 경쟁사인 보다폰 (Vodafone)의 어느 고위경영자조차 "그의 경영실적만 놓고 본다면 나는 그를 결코 내보내지 않았을 것이다"라고 말했다고 한다. 그러나 정말 값을 내리는 것만이 능사일까? 다음의 사례를 보자.

뢰머(가명)는 특수도자기(specialty ceramics)시장의 75퍼센트를 차지하고 있던 세계 선도기업이었다. 그런데 일본시장에서 큰 성공을 거둔 히까리(가명)라는 일본회사가 뢰머보다 무려 25퍼센트나 낮은 가격으로 미국시장에 들어왔다. 압도적인 시장지위를 유지하고 싶었던 뢰머는 즉각 값을 20퍼센트 낮추었다. 그러자 히까리는 가격차이를 유지하기 위해 값을 15퍼센트나 더 내렸다. 2년이 지나자 히까리는 미국시장의 3분의 1을 차지하였고, 뢰머의 매출액지수는 원래의 10,000(=100×100)에서 5,360(=80×67)이 됨으로써 46.4퍼센트나 줄어들었다. 또한 값이 떨어지면 그것이 떨어진 만큼 마진이 내려가므로, 이익은 훨씬 더 크게 줄어들었다.

그러면 뢰머는 어떻게 했어야만 했는가? 얼마 후에 이 물음에 대답할 기회가 찾아왔다. 그것은 히까리가 이번에는 유럽시장을 공략하기로 했기 때문이다. 히까리는 여기서도 또 뢰머보다 25퍼센트 낮은 가격을 제시했다.

하지만 뢰머는 이번에는 값을 내리지 않았다. 그 대신 이 회사는 판매 및 서비스를 크게 강화하고, 제품의 혁신과 공정의 개선에 힘을 기울였다. 2년 후에 히까리는 유럽에서도 시장의 3분의 1을 차지하였고, 시장은 균형점에 도달하였다. 즉, 두 회사의 시장점유율은 더 이상 크게 변하지 않았다. 히까리의 공격으로 뢰머의 매출액은 유럽시장에서도 크게 줄어들었다. 즉 $10,000(=100 \times 100)$에서 $6,700(=100 \times 67)$이 되었다. 그러나 이것은 미국에서의 5,360보다는 25퍼센트나 더 높은 숫자였다.

대체로 자금이 풍부한 경쟁사가 강한 의지를 가지고 시장선도기업을 공격할 때, 높은 시장점유율을 그대로 유지하려고 하는 것은 비현실적일 뿐만 아니라 돈이 너무 많이 든다. 이럴 때는 어느 정도 고객을 잃을 각오를 해야 한다. 이 경우 선도기업의 가장 큰 관심사는 시장점유율이 어느 수준일 때 시장이 균형점에 도달하고, 또 그때까지 얼마나 시간이 걸리는가 하는 문제이다. 즉, 값을 내리지 않고도 지킬 수 있는 시장점유율이 몇 퍼센트냐 하는 것이다. 위의 사례에서 뢰머는 미국시장에서의 쓰라린 경험을 통해 그것이 약 33퍼센트라는 것을 알았고, 그에 따라 지혜로운 결정을 내린 것이다. 대체로 이러한 상황에서는 경쟁사에게 시장의 일부분을 양보하고, 그 대신 이익을 어느 정도 유지해주는 수준의 가격을 지키는 것이 더 유리하다.

어떤 회사도 고객 없이는 살 수 없다. 그러나 이익을 모두 잃는 것보다는 일부 고객이 떠나가도록 하는 편이 궁극적으로는 더 낫다. 대표이사의 인사권을 쥐고 있는 이사회나 기업의 소유주도 이 점에 주목하는 것이 어떨까?

고객충성프로그램의 전략적 활용

    가능하면 많은 고객들을 충성심이 강한 단골로 만드는 것은 모든 회사의 꿈이다. 특히 시장에 새로 들어오는 고객들의 수가 줄어들고, 그래서 신규고객을 확보하려는 경쟁이 더욱 치열해질수록 기존의 고객들을 우리 회사에 묶어두어야 할 필요성은 더 커지게 마련이다. 그래서 많은 회사들이 각종 고객충성프로그램을 운영하고 있다. 실제로 충성고객의 확보는 수익성에 도움이 된다. 왜냐하면 새로운 고객을 한 명 얻기 위해서는 기존고객을 한 명 유지하는 데 드는 비용의 5배를 써야 하기 때문이다. 그러나 경영자는 이러한 프로그램을 단골고객의 확보나 재구매의 측면에서만 보아서는 안 된다. 충성프로그램의 잠재적인 가치는 이러한 직접적인 효과보다 훨씬 더 크기 때문이다.

좀 더 구체적으로 말하면, 회사는 고객충성프로그램을 통해 첫째 전략적으로 활용할 수 있는 어마어마한 양의 개인고객자료를 얻게 된다. 또한 회사는 이런 프로그램을 무기로 경쟁의 성격을 개별거래 가 아닌 시스템 단위의 경쟁으로 바꿀 수 있게 된다.

모든 고객충성프로그램은 대체로 각 개별구매와 그 구매를 행한 특정고객을 연결시킴으로써 개인고객들의 구매기록을 알 수 있게 해 주는 것이 그 특징이다. 이러한 구매기록이 고객보상의 바탕이 되는 것은 말할 것도 없다. 정유회사나 항공사가 발행하는 것 같은 단골고 객카드는 이러한 프로그램의 가장 대표적인 수단이다. 이러한 프로 그램을 통해 기업이 얻게 되는 방대한 고객자료는 각종 고객분석, 시 장세분화, 그리고 이른바 일대일마케팅(one-to-one marketing)이라 불리는 개인별 마케팅 등에 응용할 수 있는 여지가 그야말로 무궁무 진하다.

인터넷 등의 정보통신기술이 계속 발달하면서 기업은 이러한 데 이터베이스를 더욱 효과적·효율적으로 영업과 커뮤니케이션 분야 에서 활용할 수 있게 될 것이다. 예를 들어, 인터넷서점 아마존은 고 객들의 구매성향을 분석하여 기존고객들 한 사람 한 사람에게 각 개 인별 취향에 맞춰 신간서적을 수시로 소개하고, 때때로 특별할인혜 택도 제공한다. 소비재산업에서도 이렇게 고객들을 묶어놓는 방안 을 생각해낼 수 있다. 우선 기저귀시장을 보자. 많은 산모들이 출산

직후 얼마 동안은 최고급 기저귀만을 쓰다가 시간이 좀 지나면 슬그머니 저가상품을 구매하는 경향이 있다. 그렇다면 고급기저귀를 생산하는 회사가 산모들과 그들이 기저귀를 필요로 하는 2~3년 동안 장기계약을 맺는 것은 어떠할까? 계약의 핵심내용의 하나는 물론 유리한 가격조건일 것이다. 이렇게 되면 고객들은 2년간 이 회사의 제품을 비교적 싼 값으로 쓰게 된다. 즉, 제조회사와 고객이 모두 만족하는 상황이 된다. 이러한 보기에서 보다시피 앞으로는 고객충성프로그램으로 얻게 되는 방대한 고객자료를 전략적으로 활용할 수 있는 능력이 기업에게 매우 중요해질 것으로 보인다.

고객충성프로그램은 또한 경쟁의 초점을 개별거래에서 시스템으로 바꾸어놓을 수 있다. 이 말은 대한항공 등의 항공사가 발행하는 마일리지카드로 가장 쉽게 설명할 수 있다. 마일리지카드를 가지고 있지 않은 승객은 먼 여행을 떠날 때마다 시간·가격 등의 요소를 고려하여, 항공사, 출발시간 등을 결정한다. 그러나 그가 만일 대한항공의 스카이패스 카드를 가지고 있으면, 그는 대체로 대한항공을 타게 된다. 즉, 대한항공 및 그 제휴항공사들, 그리고 그것들이 제공하는 각종 서비스로 이루어진 시스템을 선택하는 것이다.

미국에서는 이러한 현상이 아주 두드러지게 나타나고 있다. 초기에는 고객들이 여러 항공사의 카드를 가지고 있을지 모르나, 그들은 많은 경우 시간이 지나면서 한 회사의 카드만 애용하게 된다. 왜냐하면 그렇게 하는 것이 유리하다고 느끼기 때문이다. 특히 미리 일정한 금액을 내야만 나중에 할인혜택을 받을 수 있는 프로그램의 경우에는 한 회사만 선택하는 경향이 더욱 강하다. 225유로 또는 450유로를 내고 사야 하는 독일의 국영철도회사 도이치반의 반카드가 그 좋은 사례다.

어떤 회사가 이러한 시스템경쟁에서 이기느냐는 개별제품의 품질·가격이 아닌 시스템 전체의 경쟁력에 의해 결정된다. 요즘 많은 회사들이 실시하고 있는 이른바 묶음판매(price bundling)도 실은 그 성격이 비슷하다. 마이크로소프트는 어느 회사보다도 이 기법을 잘 써왔다. 마이크로소프트는 워드 프로세싱, 그래픽, 웹 브라우저 등의 각 개별분야에서는 최고가 아니다. 그러나 여러 응용프로그램을 묶은 오피스 팩키지(Office package)라는 결합상품을 내놓음으로써 개별 분야의 경쟁사들을 쉽게 물리친 것이다. 항공사들은 이러한 시스템경쟁의 원리를 이제 더욱 적극적으로 활용하고 있다. 즉, 그들은 호텔, 자동차대여회사, 그리고 소매상까지 마일리지 프로그램에 참여시키고 있다. 다른 업종에서도 이 방법을 쓸 수 있는 가능성은 물론 얼마든지 있다.

이상의 이야기에서 보았다시피, 고객충성프로그램을 도입하려고 하는 회사는 그것이 경쟁에 미치는 복잡한 효과를 반드시 고려해야 한다. 따라서 회사가 개별거래와 시스템 가운데 어느 쪽에서 경쟁우

위를 가지고 있느냐에 따라 검토되고 있는 충성프로그램의 매력도
는 달라진다.

경쟁의 격화와 정보통신기술의 발달은 앞으로 고객충성프로그램
의 중요성을 더 크게 할 것이 틀림없다. 그래서 고객들에게 더 매력
적으로 다가오는 충성프로그램을 개발하고, 그것의 잠재력을 최대
한 활용하는 것은 미래 경영의 주요 의제의 하나가 될 것이다.

시장 나누기와
표적시장 고르기의 묘미

어느 회사이든 자기가 상대로 하는 시장의 모든 고객을 만족시키기는 매우 힘들다. 고객의 수는 무척 많으며, 널리 퍼져 있고, 또 각고객의 성향도 다르기 때문이다. 그래서 마케팅전략의 출발점은 어떤 고객들을 우리의 표적시장(target market)으로 할 것인가를 명확히하는 것이다. 아래의 보기들을 보자.

독일에는 자기 분야에서 세계 최고일 뿐만 아니라 대부분 세계시장 점유율이 60~80퍼센트이고 바로 밑의 경쟁사보다 4~5배나 강한초일류 중소기업들이 약 1,000개나 있다고 한다. "히든 챔피언들"이라 불리는 이 회사들은 아래에서 보다시피 대체로 아주 특수한 틈새시장에만 집중하는 전략을 쓰고 있다.

- 테트라(Tetra)는 세계 열대어먹이시장의 80퍼센트를 차지하고 있다.
- 호너(Hohner)는 세계 하모니카시장의 85퍼센트를 가지고 있다.
- 베커(Becher)는 세계 대형우산(oversized umbrella)시장의 50퍼센트를 점유하고 있다.
- 슈타이너광학(Steiner Optical)은 군대용 야전안경시장에 집중하고 있는데, 이 회사의 세계시장 점유율은 80퍼센트이다.

스칸디나비아항공(SAS)은 그들이 추구하는 바를 "자주 여행하는 사업가들에게 있어서 세계 최고의 항공사가 되는 것"이라고 표현하고 있다.

미국 휘발유시장은 경쟁이 매우 치열하다. 오랫동안 이 시장에서 경쟁의 무기로 가장 많이 사용된 마케팅도구는 가격이었다. 그런데 엑손모빌(Exxon Mobil)은 시장조사를 통해 운전자들의 불과 20퍼센트만이 가격 민감층이라는 것을 알게 되었다. 그 후 이 회사는 가격에 덜 민감하고, 오히려 상표가 주는 부가가치와 주유소에서 제공하는 여러 가지 부수적인 서비스에 더 민감한 고객층을 주로 공략하고 있다.

이렇게 우리 회사에 맞는 표적시장을 고르려면, 경영자는 먼저 회사의 관점에서 가장 의미 있는 방법으로 잠재적 고객들을 분류해보아야 할 것이다. 이러한 과정을 시장세분화라고 하는데, 어떻게, 즉 어떤 세분화 변수를 써서 시장을 나누는 것이 가장 적합하느냐에 대해서는 정답이 없다. 그러나 한 가지는 확실하다. 뚜렷한 마케팅 시사점을 알 수 있게 해주는 세분화가 바람직스럽다는 것이다. 어차피 같은 방법으로 마케팅할 수밖에 없는 몇 개의 소비자집단을 만들어 내는 세분화 변수는 적어도 마케팅의 관점에서는 의미가 없다. 마케팅학자들이 흔히 말하는 이런 의미에서의 좋은 세분화 변수의 요건은 첫째, 소비자들의 행동과 관련이 있어야 한다. 둘째, 측정할 수 있고, 쉽게 관찰할 수 있어야 한다. 셋째, 이 세분화 기준에 따라 시장을 나눔으로써 생겨난 세분시장 하나하나에 회사가 각각 다른 마케팅 방식으로 따로따로 접근할 수 있어야 한다.

그런데 많은 경영자들이 이러한 세 요건과 관련하여 큰 딜레마에 부딪친다. 그것은 그들이 자주 쓰는 인구통계적 변수나 지리적 변수는 비교적 쉽게 관찰할 수 있고 측정할 수 있으며 접근성도 괜찮지만, 소비자행동과의 관련성은 낮다. 반면에 소비자행동과 관련이 깊은 행태적 변수들은 (추구하는 편익, 가격에 대한 민감도, 상표충성도 등) 대체로 측정·관찰하기 어렵고, 접근성도 만만치 않다. 그래서 우리는 경영자들이 아래와 같은 방법으로 이 문제를 풀어나가기를 권장한다.

첫째, 먼저 시장을 소비자행동과 관련성이 높은 행태적 변수로 나눈다.

둘째, 이 행태적 변수와 측정·관찰하기 쉬운 다른 인구통계적 또는 지리적 변수들과의 상관관계를 알아본다.

셋째, 이 행태적 변수와 상관관계가 높고 측정·관찰하기 쉬운 변수로 시장을 다시 나눈다.

예를 들어, 어떤 회사가 자사제품에 대해 소비자들이 지불할 용의가 있는 최대가격, 즉 유보가격이 그들의 구매결정에 큰 영향을 미친다는 것을 알아냈다고 하자. 그러나 이 자료는 구하기 어렵다. 반면에 소득에 관한 자료는 비교적 구하기 쉬운데, 다행히 그들의 유보가격과 소득이 아주 상관관계가 높다는 사실이 발견되었다고 하자. 그러면 회사는 이 경우에 시장을 소득에 따라 나누면 되는 것이다.

경영자가 이렇게 해서 가장 알맞은 방법으로 시장을 나눈 다음에는 회사가 공략할 표적시장을 고를 차례이다. 이것은 사실상 회사가 시장이라는 경기장에서 펼치는 게임의 규칙을 정하는 것이라고 말할 수 있을 만큼 중요하다. 그래서 회사는 이 단계에서 아무리 신중을 기해도 지나치지 않으며, 특히 아래의 사항들을 면밀히 고려하여 최종결정을 내리는 것이 좋다.

표적시장을 고르기 전에 고려할 점

- 목표로 하는 고객들의 구매행동 · 구매기준에 비추어보았을 때의 우리 회사의 (경쟁사와 대비한) 상대적 강 · 약점
- 회사의 기업목표와 세분시장의 부합성
- 표적시장을 상대로 성공적으로 마케팅하기 위해 필요한 자원
- 성공적으로 마케팅하려고 할 때의 적합한 협력회사들의 필요성과 존재여부
- 그 세분시장으로부터 기대되는 수익성

광고·판촉비의 효과적이고 효율적인 운용

오늘날의 마케팅은 좋은 제품을 개발하고 그것을 적당한 값으로 고객들이 쉽게 접근할 수 있는 유통경로를 통해 유통시키는 것에 그치지 않는다. 회사는 또한 우리 회사의 제품이 경쟁사의 제품들보다 더 낫다는 것을 현재 고객과 잠재 고객들에게 알려야 한다.

이러한 활동을 마케팅 커뮤니케이션이라 하는데, 그 가운데 우리 눈에 가장 잘 띄는 것은 말할 것도 없이 광고와 판촉이다. 그런데 마케팅 커뮤니케이션은, 특히 광고 및 판촉은 경영자들이 아주 찜찜해 하는 분야이기도 한다. 그것은 매년 많은 회사들이 어마어마한 돈을 광고와 판촉에 쏟아붓지만, 과연 그 예산이 적절한 액수인지, 돈을 제대로 쓰고 있는지, 그리고 정말로 소기의 성과를 올리고 있는 것인지 누구 하나 속 시원하게 얘기해주지 않기 때문이다. 그래서 그들은 창의적인 활동과 적은 커뮤니케이션예산으로 좋은 결과를 낸 캠페인 사례에 많은 관심을 기울인다. 다음의 보기를 보자.

2002년 3월 독일의 자동차회사 BMW는 미국시장에 새로운 소형 모델 미니쿠퍼(Mini Cooper)를 내놓는다. 이 차의 목표고객은 유쾌한 느낌을 주며, 작고 근사한 차를 2만 달러 이하에 사고 싶어 하는 세련된 도시 거주자들이었다. 그러나 이 모델의 도입에 할당된 예산은 불과 2천만 달러였기 때문에 이 회사는 TV광고를 전혀 안 하고 그 대신 이른바 게릴라 커뮤니케이션 캠페인을 펼치기로 하였다. 게릴라 커뮤니케이션이란 광고게시판(billboards), 포스터, 인쇄물, 기타 텔레비전 이외의 각종 매체를 매우 비전통적인 방법으로 적극 활용하는 것을 말한다.

BMW의 담당 마케팅 팀은 미니를 포드에서 나오는 경쟁제품(Ford Excursion SUV) 3대 위에 얹고 전국의 21개 주요도시를 순회하였다. 미니는 또한 스포츠 경기장의 좌석으로 등장하는가 하면, 〈플레이보이(Playboy)〉지의 중간에 접어서 넣은 페이지에 나오기도 했다. 그리고 미니의 반격이 공식적으로 시작된다는 도전적인 문구만으로 광고게시판을 채웠으며, 잘 디자인된 웹사이트를 통해 필요한 제품정보를 알려주었다.

이러한 상상력 있는 캠페인 덕분에 2002년 봄에는 신청자가 엄청나게 몰려 차를 넘겨받을 때까지 기다려야 하는 기간이 여섯 달이나 되었다고 한다.

세계적인 소비재회사 프록터앤드갬블(P&G)은 1994년만 해도 광고예산의 90퍼센트를 TV광고에 썼다. 그러나 2000년대 초의 아주 성공적이었던 2003년 프릴로섹 OTC(Prilosec OTC) 시판 캠페인의 경우, 광고예산의 25퍼센트만이 TV에 쓰였다. 당시에 이 회사의 마케팅담당 최고임원(CMO)이었던 짐 스텡엘(Jim Stengel)은 "새로운 매체가 많이 나왔는데도 불구하고 광고주들과 광고대행사들은 그것을 충분히 쓰거나 측정하고 있지 않다"라고 말했다.

이런 사례들을 보면, 경영자들이 적정한 광고ㆍ판촉예산의 책정, 광고비의 매체별 배분, 광고ㆍ판촉효과의 측정 등에 관해 믿을 만한 지침을 갈구하는 것은 지극히 당연한 일이다. 그동안 마케팅학계가 이 분야에서 쌓아올린 실증연구결과를 종합하여 그것을 간추리면 다음과 같다.

1 TV광고에 중점을 둔 캠페인이 성공하는 확률은 약 50퍼센트에 지나지 않는다. 그런데 이 비율은 기존제품을 마케팅할 때보다 신제품을 내놓을 때 더 높은 경향이 있다.

2 광고가 매출을 늘리는 데 성공하면, 그 효과는 광고비를 가장 많이 쓰는 기간 이후에도 지속된다. 최근의 연구결과에 따르면 광고

의 긍정적인 장기효과는 집행된 광고비가 절정에 달한 시기가 지난 후에도 약 2년까지 계속된다고 한다.

3 이러한 광고의 장기효과를 감안하면, 단기적으로 상당한 성과를 거두는 광고는 거의 대부분 투입된 투자비를 회수한다고 볼 수 있다.

4 판매촉진은 대부분의 경우 눈에 띌 만큼 판매를 늘리는 데 이바지한다. 그러나 그것은 대체로 단순한 단기효과에 지나지 않는다.

5 업소를 상대로 하는 중간상 판촉의 불과 16퍼센트만이 이익을 낸다.

6 많은 상표들의 경우, 그것들에 배정된 광고 · 판촉 예산이 지나치게 많다. 따라서 경영자는 여러 종류의 마케팅 비용을 줄임으로써 이익을 올릴 수 있는 여지가 있는가를 면밀히 검토할 필요가 있다.

7 어느 마케팅 프로그램이 가장 높은 수익률을 올리는가에 관한 지속적인 조사를 하고, 그 결과를 바탕으로 커뮤니케이션 예산을 광고, 중간상 판촉, 소비자 판촉에 배분해야 한다.

8 제조회사가 판매촉진을 많이 하면 할수록 유통의 주도권은 중간상 특히 대형 소매상에 넘어가고, 또 소비자들은 판촉의 혜택을 받을 때만 구매하는 습관을 갖게 된다. 이러한 판촉의 전략적인 단점을 고려하면, 지금처럼 판촉예산이 늘어나는 추세는 마케팅 생산성의 관점에서 바람직스럽지 않다.

상표전략

경쟁이 치열해지면 치열해질수록 상표는 더욱 중요해진다. 제품은 나왔다가 사라지고, 제품수명주기는 짧아지며, 경쟁우위는 더 빨리 없어진다. 또 제품 자체를 차별화하기는 날이 갈수록 더 힘들어지고 있다.

반면에 상표는 경쟁사들이 모방할 수 없는 매우 드문 차별화의 수단이다. 기술이나 서비스 면에서는 경쟁사들이 우리 회사를 따라올 수 있을지 몰라도, 이미지가 좋고 차별화된 우리 고유의 상표만은 그들도 어찌할 수 없다. 이러한 상표의 가치는 회사가 위기에 부딪혔을 때 특히 그 위력을 발휘한다. 예를 들자면, 크라이슬러를 팔기 전의 다이믈러-크라이슬러(Daimler Chrysler)는 자사의 에이클라스(A-Class) 모델이 국제주행시험에서 실패했을 때도 메르세데스-벤츠(Mercedes-Benz)라는 훌륭한 상표 덕분에 이 크나큰 위기를 거뜬히 극복할 수 있었던 것이다. 또한 IT부문이 침체의 늪에 빠져 있을 때도 마이크로소프트나 IBM, 노키아 같은 강한 상표들은 상대적으로 잘 견딜 수 있었다. 이렇게 놓고 보면 많은 제품이나 서비스의 장기적인 성공은 올바른 상표전략에 의해 크게 좌우되는 듯하다.

상표전략의 핵심은 제품의 기본 포지셔닝에 관한 결정이다. 즉, 우리 상표가 무엇을 나타내도록 할 것인가, 어떤 고객들을 표적시장으로 할 것인가 등에 관한 결정이다. 이러한 결정은 흔히 회사경영의 기본방향을 제시해주는 비전에서 도출된다. 포지셔닝이 정해지면, 그것을 바탕으로 성공적인 상표전략을 위한 요소 하나하나에 대한 방침을 확정해야 한다. 마케팅학자들의 연구결과와 많은 실무자들의 경험을 종합하면, 우리는 상표전략의 성공요인을 다음의 세 가지로 집약할 수 있다.

1 상표 핵심(brand core)

이것은 한 제품을 다른 비슷한 제품들과 구별되게 하고 그것을 독특하게 만드는 모든 요소들을 말한다. 물론 어느 상표도 모든 면에서 다른 상표와 다를 수는 없다. 그러나 적어도 그것은 전략적인 차별점이나 독특하다고 내세우는 면(unique selling proposition, USP), 그리고 경쟁에서의 강점 등에서는 다른 상표와 확연히 구별되어야 한다. 토요타(Toyota)의 렉서스나 메르세데스-벤츠, 그리고 BMW도 다른 모든 자동차와 마찬가지로 바퀴가 넷이고 핸들이 있다. 그러나 이런 차들은 보기만 해도, 그리고 문을 열고 닫기만 해도 그것이 렉서스요, 벤츠요, BMW라는 것을 금방 알 수 있다. BMW는 스포티하고 경쾌하며 '차를 모는 즐거움(Joy of Driving)'을 상징한다. 그러나 오펠(Opel)이나 기아(KIA)는 도대체 무엇을 상징하는가?

월마트는 친절한 서비스와 "날마다 낮은 가격(everyday low prices)"을 나타내며, 맥도날드(Mc Donald's)와 스타벅스는 각각 미국적인 먹는 문화와 커피문화의 상징이다. 또 국제항공사들의 모임인 스타얼라이언스(Star Alliance)는 생긴 지 얼마 안 되는 상표이지만 벌써 세계 130개 나라의 900개 도시를 연결해준다고 공언하고 있으며, 페덱스(FedEx)는 세계적인 속달서비스의 대명사이다.

독특한 상표핵심을 가지고 있다는 속성으로부터 강력한 상표의 또 하나의 큰 특징이 나온다. 그것은 고객들을 양극화한다는 것이다. 즉, 어떤 사람들은 특정상표를 아주 좋아하는 반면에, 또 다른 집단은 그 상표에 대해 강한 거부반응을 보인다. 코카콜라를 애용하는 사람들은 웬만해서는 펩시콜라를 마시지 않고, 나이키(Nike)의 팬은 아디다스(Adidas)를 신으려고 하지 않는다.

2 높은 인지도

한 상표는 그것의 표적집단에게 잘 알려져 있다. 마치 길잡이 구실을 하는 밤하늘의 항성처럼 친숙한 상표는 고객들이 찾기 쉽고 또 대번에 알아본다. 만일 사람들이 알아볼 수 없으면, 그것은 상표가 아니며 기껏해야 좋은 제품에 지나지 않는다. 이상적인 경우에는, 상표이름이 제품범주 전체를 가리키게 된다. 제록스(복사기), 미원(조미료), 스카치테이프(테이프), 지프(Jeep, 지프차), 팸퍼스(Pampers, 기저귀) 등이 바로 그런 보기들이다.

어떤 때는 화장품시장의 바디샵(Body Shop)처럼 한 상표가 시장의 일부에서만 큰 힘을 발휘하기도 한다. 잠재적 고객들의 머리 속에 우리 상표의 이미지를 깊이 각인시키기 위해서는 끊임없이 커뮤니케이션을 해야 한다. 제품이 좋다고 해서 상표가 되는 것은 아니기 때문이다.

효과적인 커뮤니케이션이란 고객들에게 제품의 독특하고 뛰어난 편익을 정확히 알려주는 것, 즉 USP가 제대로 전달되게 하는 것이다. 상표관리자(brand manager)와 광고대행사의 과제는 앞에서 이야기한 상표의 핵심을 높은 인지도를 달성할 수 있는 단순하면서도 인상적인 상표이미지로 풀어내는 것이다.

3 감정적인 가치
강력한 상표는 한결같이 쓰는 사람들이 각별한 감정 또는 애정을 느낀다. 코카콜라, 디즈니(Disney), 에버랜드, 캐리비안베이, 클럽메드(Club Med) 등이 바로 그런 상표들이다. 이러한 상표들의 공통된 특징은 그것들이 소비자들의 마음속에서 특별한 자리를 차지하고 있다는 것이다. 통상 상표의 핵심은 소비자들이 느끼거나 특수한 기법을 써서 측정할 수 있고, 상표인지도도 마케팅조사를 통해서 어느 정도 파악할 수 있다. 그러나 상표의 감정적인 가치는 대체로 계량화하기 힘들다. 그래서 상표의 감정적인 측면은 기업이 가장 통제하기 어려운 면이기도 하다.

또 상표의 감정적인 가치는 고객들의 신뢰 및 그들의 상표충성도와 깊이 연관되어 있다. 특히 오늘날처럼 변화의 속도가 빠른 시대일수록 상표에 대한 변함없는 애정은 기업의 아주 귀중한 자산이자 매우 바람직한 소비자들의 행동방식이다. 왜냐하면 이런 경우에는 상표가 믿음직스러운 준거점(reference point)이 되기 때문이다.

상표는 소비자들에게나 기업에게나 중요한 기능을 수행한다. 소비자들은 상표를 통해 사고 싶은 상품을 식별할 수 있으므로 쇼핑하는 데 들이는 노력을 크게 줄일 수 있다. 대부분의 회사가 자사의 상표가 붙은 제품이 일정한 수준의 품질을 유지하도록 애를 쓰고 있으므로 소비자들은 정평이 있는 상표가 붙은 상품을 구입할 때 비교적 심적 부담이 적은 것이다. 또 기업은 광고 등의 마케팅활동을 통해 상표의 자산가치를 높일 수 있다. 이렇게 하여 상표자산이 커지면 기업은 파괴적인 가격경쟁에서 벗어나고 단골고객들을 확보할 수 있는 가능성을 얻게 된다. 강한 상표란 상표 핵심이 있다고 소비자들이 주관적으로 느끼는 상표다.

전략적 상표관리의 목표는 특정 상표에게 그러한 독특한 구매의 이점을 부여하는 것이다. 강한 상표를 키우고 관리하는 것은 이미 오래전에 현대기업의 전략적 성공요인이 되었다.

B2B마케팅의 요체는
회사의 신뢰성이다

　기업은 제품 또는 서비스를 팔기만 하는 것이 아니다. 그들은 또한 방대한 양의 원자재 · 부품 · 기계설비 등을 구입한다. 기업 외에 정부도 해마다 많은 제품 · 서비스 · 설비 등을 구입하며, 소매상이나 도매상처럼 다시 팔 목적으로 제품 · 서비스를 구입하는 이른바 재판매자(reseller)도 중요한 구매의 주체이다.

　이렇게 생산을 하거나 다시 팔 목적으로 재화를 구입하는 기업 · 정부 · 재판매자 등을 우리는 흔히 조직구매자로 부르며, 이들을 상대로 하는 마케팅활동을 산업재마케팅 또는 B2B마케팅이라고 일컫는다. 그러면 먼저 B2B마케팅에만 전념하여 눈부신 성공을 거둔 한 독일회사의 보기를 보자.

1972년 IBM의 독일 자회사에서 일하던 네 명의 젊은이들이 회사를 그만두고 새로 SAP라는 소프트웨어회사를 만든다. 이들은 기업이 회계·재무·공장관리 등에 쓸 수 있는 표준화된 컴퓨터프로그램을 개발하여 팔았으며, 이제 이 시장의 절반 이상을 차지하고 있다. 이 회사의 성공비결은 철저하게 고객들의 욕구에 초점을 맞추고, SAP의 소프트웨어가 기업들의 수익률향상 또는 원가절감에 어떻게 이바지하는가를 설득력 있게 보여주는 것이었다. SAP는 또한 다른 회사와 제휴하거나 경우에 따라서는 필요로 하는 회사를 인수하여 고객들이 한 번의 거래로 문제를 한꺼번에 해결할 수 있도록 하고 있다.

　　SAP뿐만 아니라 우리의 귀에 익은 GE, 휴렛-패커드, IBM, 인텔, ABB, 캐터필러, 뒤퐁, 페덱스, 지멘스 등의 내로라하는 기업들이 사실은 모두 B2B마케팅을 하는 회사들이다. 그러면 이러한 회사들의 사례가 보여주는 B2B마케팅의 성공요인은 무엇인가? 그것을 알기 위해서는 먼저 소비재시장과 구별되는 산업재시장(industrial market) 또는 업체시장(business market)의 특성을 이해할 필요가 있다. 마케팅학자들이 말하는 업체시장의 주요특징 가운데 핵심적인 것은 다음과 같다.

1 소수의 대형 구매자들

B2B마케팅회사는 흔히 소수의 대형업체들을 상대로 마케팅활동을 펼친다. 한국타이어나 보쉬 같은 회사의 운명은 몇몇 자동차회사와의 관계에 달려 있다고 해도 지나친 말이 아니다.

2 공급자와 고객의 밀접한 관계

고객의 숫자가 적고 대형고객의 힘이 크다 보니 B2B회사는 각 고객의 욕구와 필요에 맞게 맞춤형 제품을 공급해야 하는 때가 많다. 또 기업은 흔히 자사의 제품을 사주는 회사로부터 물품을 구입한다. 이것을 상호구매라고 하는데, 예를 들어 어느 제지회사가 자사의 종이를 많이 사주는 특정 화학회사의 화학제품을 구입해주는 것 같은 경우다.

3 전문적인 구매

업체시장에서 실제로 구매를 하는 사람들은 잘 훈련된 구매전문가들이다. 그들은 어떻게 하면 더 잘 구매할 수 있을까를 연구하면서 경력을 키워온 사람들이다.

4 집단에 의한 의사결정

조직체의 구매결정에는 대체로 일반소비자의 구매결정에서보다 더 많은 사람이 관여한다. 그리고 관여하는 사람들이 중시하는 평가기준은 사람마다 각각 다르기가 십상이다.

이러한 업체시장의 특성들을 살펴보면, B2B마케팅관리자는 소수의 잘 훈련된 고객들과 깊은 신뢰관계를 쌓아야 한다는 것을 알 수 있다. 그래서 마케팅학자들은 B2B마케팅의 핵심성공요인을 '회사의 신뢰성(corporate credibility)'이라는 한마디로 단정짓고 있다. 회사의 신뢰성이란 "한 회사가 고객들의 욕구와 필요를 충족시키는 제품과 서비스를 얼마나 잘 개발하고 전달할 수 있는가"에 대한 고객들의 믿음의 정도를 가리킨다. 이러한 뜻의 회사의 신뢰성은 아래의 세 요인에 의해 결정된다.

- 회사의 전문성 : 한 회사가 해당 제품 또는 서비스를 생산할 수 있는 능력에 대한 고객들의 의견
- 회사의 믿음직스러움(trustworthiness) : 한 회사가 얼마나 정직하고, 기댈 만하고, 고객의 욕구에 민감한 것으로 고객들이 여기는 정도
- 회사의 매력 : 한 회사가 얼마나 호감이 가고 마음에 드는 업체로 고객들의 눈에 비추어지는가 하는 정도

그러면 여기서 현장을 중시하고 고객과 자주 접촉함으로써 고객의 전폭적인 신뢰를 얻고 있는 어느 회사의 일화를 소개하며 이 글을 맺기로 한다.

회사의 신뢰성을 보여주는 일화

렌쩨(Lenze)는 복사기와 휠체어 등에 들어가는 부품을 생산하는 세계적인 수준의 독일회사이다. 이 회사의 임원인 귄터 지커(Günter Sieker) 씨가 싱가포르의 고객을 방문했을 때, 그는 자기 회사에서 판매한 기계를 현지기술자가 수리하지 못하고 있다는 것을 알게 되었다. 그러자 그는 즉석에서 양복을 벗고 소매를 걷어 올린 다음, 두 시간에 걸쳐 문제를 깨끗이 해결해 주었다. 싱가포르의 고객이 어떤 인상을 받았는가는 말할 필요도 없다.

고객지향정신이 몸에 밴 임직원들의 이러한 행동이야말로 '회사의 신뢰성' 을 높이는 가장 확실한 길일 것이다.

고객중심적인
유통시스템의 설계

　오늘날 대부분의 회사들은 그들이 생산하는 상품 또는 서비스를 최종소비자들에게 팔지 않는다. 생산업체와 최종소비자 사이에는 다양한 이름 아래 여러 가지 유통관련 기능을 수행하는 중간상들이 있다. 회사가 어떤 유통경로를 택하느냐는 다른 모든 마케팅 결정에 중대한 영향을 끼치기 때문에 아주 신중하게 결정을 해야 한다. 예를 들면, 회사가 새로 내놓는 상품을 고급백화점에서 파느냐 또는 일반소매점을 통해 파느냐에 따라 가격정책이 달라져야 할 것이다.

　또한 유통에 관한 결정은 보통 '다른 회사들과의 장기적인 약속'의 성격을 띤 것이 대부분이다. 한 회사가 어떤 상인과 대리점계약을 맺고 나서 그 다음 날 직영점을 만들기 위해 그 대리점을 사버릴 수는 없는 것이다.

이렇게 유통경로는 그 성질상 한번 정해지면 바꾸는 데 많은 어려움이 따른다. 따라서 경영자는 현재의 판매환경뿐만 아니라 미래의 판매환경도 염두에 두고 유통경로를 선택해야 하는 것이다. 그러나 유통의 바로 이러한 특성 때문에 한 회사의 창의적이고 미래지향적인 유통전략은 경쟁사가 쉽게 흉내 낼 수 없고, 그 회사의 믿음직스러운 경쟁우위가 될 수 있다. 아래의 보기들을 보자.

미국의 금융회사 뱅크원(Bank One)은 방문판매로 유명한 화장품 회사 아봉(Avon)의 60만 영업사원들을 신용카드의 판매경로로 활용하고 있다. 뱅크원이 아봉과 이러한 제휴계약을 맺은 까닭은 다음과 같다.

우선, 아봉의 영업사원들 자체가 아주 매력적인 표적시장이다. 이들은 플래티넘 비자카드를 쓰는 고객들과 똑같은 혜택을 받는다. 또한 그들이 신규고객을 확보할 때마다 소정의 보상을 받는 것은 말할 것도 없다. 각 판매원이 한 사람씩만 끌어들여도 뱅크원은 60만 명의 새 고객들을 얻게 된다. 끝으로, 아봉의 영업사원들과 고객들은 대부분 여자들이다. 미국에서 여성들은 가족의사결정의 81퍼센트를 통제하며, 그들의 85퍼센트는 가정의 돈을 손수 관리한다. 즉, 뱅크원은 아봉과 제휴함으로써 지갑에서 실제로 돈을 꺼내는 사람들에게 직접 다가가는 것이다.

해외에서 중고차를 사는 것은 오랫동안 번거롭고 위험한 일이었다. 그런데 왕년에 미국 굴지의 전자제품 소매상이었던 서킷시티(Circuit City)가 1993년에 시작한 중고차 전문소매상 카맥스(Car Max)는 이러한 낙후된 중고차 산업의 면모를 일신하였다. 고속도로와 가까운 도시의 교외에서 약 500대의 자동차를 가지고 있는 초대형 중고차매장을 운영하는 카맥스는 모든 것을 고객위주로 하고 있다.

먼저 근사한 전시장에 들어온 손님들이 어떤 종류의 차에 관심이 있다고 말하면, 영업사원은 그들을 컴퓨터 앞으로 모시고 가서 그들의 조건을 충족시키는 모든 차들을 스크린에 뜨게 한다. 이 회사는 거의 모든 차종과 모델을 망라하는 15,000대 이상의 차를 보유하고 있으며, 또한 절대로 손님들과 가격흥정을 하지 않는다. 영업사원은 자동차 판매대수에 비례해서 수수료를 받기 때문에 비싼 차를 팔려고 애쓸 필요가 없다. 또 카맥스의 정비공들은 110가지 항목에 달하는 자동차 검사를 미리 했고, 필요한 수리도 이미 마친 상태다. 뿐만 아니라 고객들은 5일 이내에 차를 반납하면 돈을 돌려받으며, 30일 간의 포괄적인 보증도 받는다.

이러한 카맥스의 전략은 큰 성공을 거두고 있다. 즉, 업계의 평균 판매가격은 13,650달러, 그리고 평균수익률은 11퍼센트인데 비해 이회사의 평균판매가격은 15,000달러이고, 수익률은 13퍼센트이다.

우리나라에서도 유통을 듬직한 경쟁의 무기로 만들 수 있는 여지는 얼마든지 있다. 다른 마케팅 분야에서와 마찬가지로 여기서도 필요한 것은 고객위주의 사고, 철저한 분석, 그리고 상상력이다. 그러면 고객위주의 유통시스템을 가지고자 하는 한국의 경영자들이 알아두었으면 하는 유통경로설계의 여섯 단계를 제시하면서 이 글을 마치기로 한다.

- 목표고객들이 유통경로로부터 어떤 서비스를 바라고 필요로 하는 가를 정확히 파악한다.
- 우리 회사 및 경쟁사들의 기존 유통시스템이 고객들이 원하는 것을 현재 얼마만큼 제공하고 있는가를 조사한다.
- 시정책을 강구해야 하는 유통서비스의 간극(gap)을 알아낸다.
- 시정책의 시행에 영향을 줄 수 있는 제약조건들을 확인한다.
- 실천 가능한 경로해결책을 마련한다.
- 해결책을 시행하여 재설계된 유통시스템을 완성한다.

신규사업의 달콤한 유혹

　기업은 성장해야 한다. 오직 어디서 어떻게 성장하느냐만이 문제이다. 전략분야의 대가 이고르 앤소프(Igor Ansoff)에 따르면, 기업은 제품 및 시장이라는 두 차원에서 성장할 수 있다. 기존의 제품으로 기존의 시장에서 성장하는 것은 시장침투라고 부르고, 새로운 제품으로 새로운 시장에서 성장이 이루어지면 다각화라고 일컫는다. 즉, 우리가 흔히 신규사업 진출이라고 부르는 다각화의 경우에는 제품과 고객이 둘 다 잘 알려지지 않은 상태이다.

　이러한 신규사업 진출이 상당히 위험할 수 있다는 것은 하버드의 마이클 포터를 비롯한 여러 학자들이 이미 실증적으로 증명한 바 있다. 돌이켜 생각하면 많은 회사들이 다각화병에 걸려 숱한 어리석은 일을 했다는 생각을 지울 수가 없다. 노바르티스(Novartis)의 전신 시바-가이기는 본업인 화공업과 거리가 먼 전자, 필름, 레이저 등에 진출했다가 모두 실패했으며, 화학회사 헹켈(Henkel)은 잔디 깎는 기계에 손을 댔었다. 또 다이믈러-벤츠(Daimler-Benz)는 항공우주산업에 뛰어들었다. 이런 사례들에 대해 미국의 투자전문가 피터 린치는 "이익을 내고 있는 회사들은 가끔 쓸데없는 기업 인수에 돈을 날려버린다. 이들은 과대평가되고 있거나 그들이 전혀 이해하지 못하는 상품을 찾아 헤매고 있다"라고 말한 바 있다.

물론 성공적으로 신규사업에 진출한 경우도 적지 않다. 우리나라의 삼성그룹은 제당업을 비롯한 경공업으로 시작해서 이제는 반도체를 비롯한 전자, 금융, 중공업 등으로 훌륭하게 변신했다. 지금은 영국의 이동통신회사 보다폰에 인수된 독일의 마네스만(Mannesmann)도 철강과 석탄을 주로 다루는 회사였는데, 기술회사로 화려하게 탈바꿈하는 데 성공했다.

그런데 신규사업에 진출해서 좋은 성과를 거둔 회사들은 대체로 사업다각화를 몇십 년에 걸쳐 추진하였으며, 한꺼번에 너무 많은 프로젝트를 동시에 진행시킨 적이 없다. 이들은 이렇게 함으로써 경영진의 능력이 지나치게 분산되는 것을 막았으며, 또한 단계적으로 착실하게 새 사업에 대한 노하우를 쌓을 수 있었다.

세계의 많은 회사들이 신규사업에서 갖가지 경험을 한 끝에 다시 눈을 돌리기 시작한 것이 바로 기업의 '핵심역량'이란 개념이다. 회사든 개인이든 몇 가지 부문은 아주 잘하지만 나머지 분야에선 아마추어에 지나지 않는다는 것을 겸허하게 인정해야 한다. 기업이 이런 평범한 진리를 깨닫기 위해 구태여 비싼 수업료를 낼 필요는 없을 것이다. 그렇다면 경영자는 자기 회사의 핵심역량을 철저히 재검토하고, 주변사업 또는 주변부문에 대해 적절하고 과감한 조치를 취해야 할지도 모른다.

기업이 성장의 길을 찾아 무작정 헤매다 보면 '무모한 신규사업 진출' 이라는 함정에 자기도 모르게 빠지는 수가 있다. 그러한 일이 일어나지 않도록 우리는 경영자들이 아래의 내용을 다시 한 번 되새길 것을 권장한다.

1 신규사업 진출의 실패율은 무척 높다. 그리고 그러한 실패확률은 핵심역량에서 멀어질수록 높아지며, 전혀 관련이 없는 분야에 들어갔을 때는 실패율이 장기적으로 80퍼센트 이상에 달한다.

2 경영자는 신규사업에 뛰어들기 전에 현재의 업종에서는 정말 더 이상 성장의 기회가 없는가를 아주 진지하게 검토해야 한다. 성장의 한계는 혹시 당신의 상상의 세계에서만 있는 것이 아닌가?

3 신규사업 진출 또는 인수·합병을 부추기는 시대풍조와 함께 "우리는 무엇이든지 다 잘할 수 있다"는 환상을 경계하라. 경영자는 새로운 분야에 진출하기 전에 자기 회사가 그곳의 현재의 경쟁사들

을 과연 이길 수 있는가를 신중히 그리고 면밀히 검토해야 한다. 당신의 회사는 정말로 경쟁우위가 있는가? 당신 회사가 경쟁사와 그저 비슷한 정도라면, 이미 자리를 잡은 기존의 회사들이 계속 더 유리한 위치에 서게 마련이다.

4 새로운 프로젝트를 선정할 때는 경영자들이 혼신의 힘을 다할 각오와 마음의 자세를 가지고 있는가도 눈여겨보아라. 그리고 회사를 인수할 때나 전략적 제휴를 맺을 때는 양쪽의 기업문화가 서로 잘 어울리는가도 반드시 고려해야 한다.

5 신규사업 진출이 불가피할 때는 가능하면 현재의 핵심사업과 관련이 깊은 분야를 선택하라. 또한 한꺼번에 너무 많은 프로젝트를 추진하지 않고, 단계적으로 차근차근 진행하면서 착실하게 실력을 쌓는 것이 좋다. 큰 고기를 낚으려는 희망에서 여기저기 작은 프로젝트를 많이 벌려놓는 방법은 성공가능성이 희박하다. 큰 고기는 혼자서 크지 못한다. 그것은 길러내야 한다.

경영자들이 위의 말을 확실히 명심한다면, 꼭 필요한 그리고 성공확률이 높은 신규사업만이 선택될 가능성이 한결 높아질 것이다.

8장

옛 어른들의
경영의 지혜

결코 물러서지 않는다(不退轉)

한비자(韓非子)의 독특한 통치이론

요셉 슘페터(Joseph Schumpeter)의 혁신사상

피터 드러커의 경영사상의 요체는 인간중심경영이다

결코 물러서지 않는다(不退轉)

석가모니 제자들의 이야기 두 토막

어느 날 부루나는 석가모니 앞에 나와 서쪽지방의 포교에 나서 겠다고 하며, 허락해주실 것을 청하였다.

석가모니는 그에게 "서쪽지방 사람들은 사나우니, 욕을 하면 어떻게 하겠느냐?"고 물었다.

그때 부루나는 "때리지 않는 것을 다행으로 알겠습니다"고 대답했다.

"만일 때린다면?"

"몽둥이나 돌로 치지 않는 것을 다행으로 여기겠습니다."

"몽둥이나 돌로 친다면?"

"죽이지 않는 것을 다행으로 여기겠습니다."

"만일 죽인다면?"

"열반에 들게 해주므로 감사하겠습니다."

부루나는 드디어 석가모니의 허락을 받아 서방포교에 힘쓰다가 그곳에서 삶을 마쳤다.

—《잡아함경 권 13》

아나율은 어느 날 좌선을 하다가 깜박 졸았다. 마침 그 때 석가모니께서 이것을 보시고 주의를 주셨다. 그로부터 아나율은 결코 눈을 감지 않겠다는 서원을 세우고 조금도 자지 않았으므로 마침내 병이 났다. 석가모니는 이를 보고 지나친 것이나 모자라는 것이나 다 좋지 않다고 타일렀다. 그러나 그가 결심을 굽히지 않았으므로, 석가모니는 유명한 의사에게 그의 치료를 부탁하였다. 하지만 그가 잠을 자지 않으므로 명의로서도 어찌할 도리가 없었다. 마침내 그는 눈이 멀고 말았는데, 오히려 이 때문에 그는 천안(天眼)을 얻게 되었다.

이렇게 처절할 정도로 뜨거운 구도심(求道心)과 투철한 결의를 가지고 있던 아나율은 남이 따라올 수 없는 깊은 통찰력이 있었기 때문에 천안제일(天眼第一)이라고 불린다.

현대 자본주의 사회의 꽃인 기업을 경영한다는 것은 참으로 멋지고 보람찬 일이다. 그러나 그것은 또한 매우 복잡하고 힘든 일이기도 하다.

경영자, 특히 최고경영자는 경쟁사를 이기고 고객·종업원·주주를 만족시키기 위해 끊임없이 생각하고 고뇌하며 어려운 결단을 내려야 한다. 전략·마케팅·재무·인사·회계·세무 등 신경 써야 할 것이 한둘이 아니며, 그 어느 것 하나도 소홀히 할 수 없다. 게다가 경영자는 그가 하는 일마다 많은 위험이 따른다는 것을 잘 알고 있다. 그것은 일의 결과에 따라 회사가 부딪히는 위험일 뿐만 아니라, 의사결정을 하는 경영자가 개인적으로 부담하는 위험이기도 하다.

또한 경영자의 일상생활을 보자. 그는 1년 내내 거의 매일같이 새벽부터 밤까지 바삐 일하며, 끊임없이 각종 스트레스에 시달린다. 본인은 쉴 새 없이 뛴다고 생각하는데도 시간은 늘 부족하기만 하다.

그렇게 바삐 살아가면서도 일이 잘 풀리기만 하면 아무런 문제가 없다. 그러나 아쉽게도 그러한 때는 드물고, 경영자는 크고 작은 난관에 계속 부딪힌다. 당면한 문제를 해결하려고 골머리를 앓을 때 문득문득 그의 머리를 스치는 생각이 있다.

"언제까지 이렇게 뛰어야 하나?"

"과연 이렇게 살아야 되는 건가?"

"좀 더 편히 살 수는 없을까?"

"내가 무엇을 바라고 이 일을 하는 건가?"

그러다가 정말로 큰 어려움이 나타나면 적지 않은 경영자들이 좌절을 하거나 깊은 회의 또는 절망감에 빠진다. 이럴 때 석가모니는 어떤 가르침을 주실까?

부처가 되어 모든 중생을 제도하겠다는 큰 마음을 일으켜 출가하는 모든 분들은 참으로 대단한 의지의 소유자다. 이렇게 깨달음에 이르겠다는 큰 원력(願力)을 처음 세울 때의 마음을 불교에서는 초심(初心), 즉 첫 마음이라고 부른다. 이 첫 마음만 계속 유지할 수 있으면 반드시 도를 깨친다고 한다. 그러나 세월이 지나면 이 첫 마음이 차츰 퇴색한다. 그래서 수행에 있어 진정으로 중요한 것은 항상 시작하는 마음을 가지는 것이라 한다. 시작하는 자세로 오래오래 하다 보면 저절로 선정(禪定)에 드는 힘이 강해지고 지혜가 뚜렷이 밝아져서 결코 물러서지 않는 불퇴전(不退轉)의 자리에 이르게 되기 때문이다.

보조(지눌) 스님의 《계초심학인문》이라는 글에 다음과 같은 구절이 나온다.

"항상 불법(佛法)을 만나기 어렵다는 생각을 일으키면 도 닦는 업(業)이 늘 새로워질 것이요, 항상 경사스럽고 다행하다는 생각을 일으키면 마침내 물러나지 아니하리라."

또 원효스님의 《발심수행장》에도 물러서지 않는 마음을 강조하는 문구가 있다.

"절하는 무릎이 얼음처럼 시려도 불(火) 생각을 하지 않고 주린 창자 끊어져도 먹을 생각 말지어다."

그리고 야운비구는 《자경문》에서 다음과 같이 이야기한다.

"만약 신심(信心)만 물러서지 않는다면 누가 견성성불(見性成佛)을 하지 못하겠는가?"

즉, 세 분 모두 결코 물러서지 말고 용맹정진(勇猛精進)하라고 가르치고 있다. 그렇게 하면 반드시 도를 이룬다는 것이다.

우리는 기업을 경영할 때도 이러한 자세가 꼭 필요하다고 본다. 첫 마음을 유지하면서 결코 물러서지 않으면 반드시 부처가 된다는데, 그런 정신으로 회사를 운영하면 그 결과는 불을 보듯이 명확하다. 현대 자본주의 사회에서 수많은 사람에게 엄청난 혜택을 줄 수 있는 기업을 경영하는 것은 나름대로 성스러운 일이다. 이런 의미에서 경영자는 수행하는 자세로 일을 해야 한다고 우리는 감히 말하고 싶다.

우리는 앞에서 부루나의 목숨을 아끼지 않는 전법(傳法)의 정신과 아나율의 처절할 정도의 뜨거운 구도심(求道心)에 깊은 감동을 받은 바 있다. 세속에 사는 수행자로서의 경영자들이 그분들이 보여준 것과 같은 '결코 물러서지 않는 마음'을 수시로 되새긴다면 어떠한 시련도 극복할 수 있지 않을까?

한비자(韓非子)의
독특한 통치이론

　　중국 전국시대 말기의 사상가였던 한비자(?~기원전 234년)는 한 (韓)나라의 왕자로 태어났다. 그는 순자의 성악설을 이어받고, 법가 (法家)와 노자의 사상을 받아들여 이른바 법(法)과 술(術)에 의거한 독 특한 통치이론을 완성했다. 그의 통치론은 본국인 한나라에서는 채 택되지 않았지만 그가 남긴 저서 《한비자》는 그 후 진시황을 비롯한 많은 위정자들이 지침으로 삼았다고 한다.

　　《한비자》의 전편에 걸쳐 흐르고 있는 사상은 철저한 인간불신(人 間不信)의 철학이다. 사람을 움직이는 동기는 무엇인가? 애정도 아니 고 동정심도 아니다. 의리도 아니고 인정도 아니다. 그것은 단 하나, 다름 아닌 이익이다. 인간은 이익에 의해 움직이는 동물이라고 하는 것이 한비자의 기본 생각이다. 게다가 사람에게는 각자의 처지라는 것이 있다. 따라서 처지가 다르면 당연히 추구하는 이익도 달라진다. 가령 같은 조직에 속해 있다고 할지라도, 상사에게는 상사의 이익이 있고 부하에게는 부하의 이익이 있다. 또 같은 집에 살고 있다고 하더라도 남편에게는 남편의 이익이 있고, 아내에게는 아내의 이익이 있다. 이렇게 각자의 처지에 따라 각자가 추구하는 이익이 다른 이상, 상대방을 신뢰하면 돌이킬 수 없는 실패를 불러들일 수 있다. 그래서 다른 사람은 믿을 수 없고, 결국 기댈 것은 자기 자신밖에 없다고 한비자는 말한다.

"상대방이 등을 돌리지 않을 것이라고 기대하지 말고, 그가 배신하려고 해도 배신할 수 없는 태세를 갖추어라. 상대방이 속이지 않을 것을 기대하지 말고, 그가 속이려 해도 속일 수 없는 태세를 갖추어라."

우리가 이러한 그의 철저한 인간불신의 사상에 전적으로 동의하기는 힘들 것이다. 그러나 적어도 한비자가 인간의 어느 한 측면을 날카롭게 꿰뚫어 보았다는 것만은 틀림없지 않을까 한다.

한비자는 바로 이러한 인간불신의 철학을 바탕으로 통치이론을 전개하고 있다. 인간의 본성을 정확히 간파하면서 권력의 본질을 분석하고, 군주가 놓여 있는 곤란한 처지를 부각시킴으로써 권력유지의 방도를 모색한 책이 바로 《한비자》이다. 그래서 어떤 사람은 이것을 제왕학(帝王學)의 교과서라고 부르기도 한다. 한비자의 통치이론의 핵심은 법, 술, 세(勢)라는 세 가지의 요건이다. 먼저 '법'이라 함은 글자 그대로 법률을 말한다. 법률은 분명하게 명문화(明文化)하여 백성들에게 제시되어야 한다. 두 번째의 '술'이라 함은 법을 운영하고 부하들을 통제하는 노하우를 뜻한다. 한비자는 "'술'은 사람들에게 보이는 것이 아니다. 군주가 가슴에 품고 있다가 이것저것 비교해본 다음 부하를 조종하는 데 쓰는 것이다"라고 말했다.

끝으로 '세'라 함은 권력, 권한 등을 말한다. 한비자에 따르면, 우두머리는 권력의 핵심만 확보하고 있으면 된다고 한다. 이렇게 권력의 핵심을 쥐고 있는 상태가 바로 '세'이다.

이상에서 본 바와 같이 '법'을 관철하고, '술'을 구사하고, '세'를 바탕으로 부하를 통제하고, 스스로는 가만히 있으면서 위엄을 떨친다. 이것이 바로 우두머리가 자신의 자리를 지키는 비결이다. 한비자는 이러한 주장을 여러 일화를 섞어가면서 대단히 설득력 있게 펴나가고 있다.

한비자는 젊은 시절 순자(荀子)라고 하는 사상가에게 배운 적이 있는데, 그때 함께 공부한 사람 중에 훗날 진시황제의 정승이 된 이사(李斯)라는 사람이 있었다. 이사는 일찍이 한비자의 재능을 알아보고 그에게는 이길 수 없다는 것을 스스로 인정했다고 한다. 공부를 마치고 귀국한 한비자는 한나라의 국왕에게 부국강병책을 건의했지만 받아들여지지 않았다. 그러다가 그 후에 진시황제가 되는 당시의 진나라 왕이 한비자의 저서를 보게 된다. 그는 그것을 읽다가 자신도 모르게 감탄의 소리를 내며 "이 책을 지은 사람을 만날 수만 있다면, 나는 죽어도 한이 없겠다"라고 말했다고 한다.

당시 진나라 왕의 고문으로 있던 이사와 왕은 서로 상의한 결과, 한나라를 공격하기로 한다. 과연 그들이 예상한 대로 한나라는 강화를 요청하고 대표사절로 한비자를 보낸다. 한비자를 보자 왕은 크게 기뻐한다. 이에 위협을 느낀 이사는 왕에게 "한비자는 누가 뭐라 해도 한나라의 왕자이니 등용을 해도 진나라를 위해 일하지는 않을 것입니다. 그렇다고 해서 이대로 돌려보내면 훗날 화근이 될 것입니다. 법에 따라 처벌하시는 것이 좋겠습니다" 하고 진언(進言)한다.

이 말에 넘어간 진시황은 한비자를 곧 감옥에 가두었다. 이에 비관한 한비자는 스스로 목숨을 끊었다고 한다.

요셉 슘페터(Joseph Schumpeter)의 혁신사상

　미국의 경제잡지 〈포브스(Forbes)〉는 1983년 요셉 슘페터(1883~1950)의 탄생 100주년을 맞이하여 케인즈(John Maynard Keynes)가 아닌 슘페터가 세계화라는 거친 바다의 가장 훌륭한 길잡이라고 선언한 바 있다. 또 세계적인 경제학자 갈브레이스(J. K. Galbraith)는 1986년에 슘페터를 "20세기의 가장 세련된 보수주의자"로 표현하였다.

　그런가 하면 미국의 경제주간지 〈비즈니스 위크(Business Week)〉는 2000년에 그에 관한 글을 실었는데, 그 제목은 "미국의 가장 훌륭한 경제학자는 50년 전에 죽었다"였다. 이와 같이 세상을 떠난 지 이미 60년이 넘은 슘페터의 명성은 나날이 높아지고 있다. 그 까닭은 무엇일까? 그리고 오늘날의 경영자들은 그에게서 무엇을 배울 수 있을까?

슘페터는 오랜 연구 끝에 성장과 소득향상의 궁극적인 원천은 기업인들(entrepreneurs)에 의한 '창조적 파괴(creative destruction)', 즉 혁신이라고 말하고, 이러한 결론을 많은 자료로 뒷받침하고 있다.

기업인들은 신제품, 참신한 경쟁기법, 혁신적인 기술 등으로 기존의 회사들을 공격하고 무너뜨린다. 이러한 전쟁은 끊임없이 이어지므로, 어떤 회사도 안전할 수는 없다. 혁신을 하지 않는 경영자, 즉 현재의 성공적인 경영모델로 언제까지나 버틸 수 있다고 생각하는 경영자는 조만간에 그의 발밑의 땅이 꺼져버리는 것을 알게 될 것이다. 더 나아가서 슘페터는 혁신을 자본주의뿐만 아니라 모든 경제발전의 원동력이라고 말하고, 혁신의 주체인 기업인은 자신의 제국을 건설하려는 의지와 열망에 불타는 모험가라고 하였다.

이렇게 모험가로서의 기업인을 아주 바람직한 인간상으로 바라보는 슘페터는 당신의 지배적인 경제사상과 계속해서 충돌하였다. 예를 들어, 그는 소득의 불평등은 자본주의 사회에서 불가피하며, 또한 바람직하다고 하였다. 왜냐하면 소득의 불평등이 바로 경쟁의 본능을 자극하기 때문이다. 이러한 맥락에서 그는 특히 최고소득을 올리는 집단 내에서 불평등이 있는 것이 중요하다고 생각했다. 그는 또 바로 이러한 이유로 흔히 들리는 불만의 목소리, 즉 "기업인들이 성공의 대가로 지나치게 돈을 많이 번다"고 하는 비판의 부당성을 지적하기도 했다. 슘페터는 또한 독점금지정책을 좋아하지 않았다.

왜냐하면 독점이야말로 바로 혁신하려는 기업가가 열망하는 것이기 때문이다. 그는 정부의 보호를 받는 독점을 빼면 어차피 모든 독점은 일시적이라는 이론을 설득력 있게 제시하고 있다. 슘페터에게 있어서 불평등과 소란스러움(turbulence)은 물질적인 진보를 위해 우리가 지불해야 하는 작은 대가에 지나지 않는다. 떠들썩한 소리는 다름 아닌 자본주의의 음악이다. 그는 이렇게 말한다.

"자본가의 업적은 여왕들에게 더 많은 비단 스타킹을 제공하는 것이 아니다. 그것은 공장에서 일하는 소녀들이 점점 더 노력을 적게 기울여도 그 대가로 비단 스타킹을 살 수 있게 해주는 것이다."

슘페터의 가장 대표적인 저서는 1942년에 출간되었고 아직도 널리 읽히고 있는 《자본주의, 사회주의, 그리고 민주주의》이다. 이 책에서 그는 대기업을 발전의 엔진으로 칭송할 뿐만 아니라, 반자본주의적인 새로운 정부관리 계층의 등장을 우려하고 있다. 또 위험을 회피하려는 생각이 사회주의의 승리를 가져올지도 모른다고 걱정했다. 그는 이 책에서 "자본주의는 과연 살아남을 것인가?"라는 질문을 던지고 있다. 자본주의의 엄청난 성공을 피력해 온 그의 대답은 놀랍게도 "아니요"이다.

그 근거로 슘페터는 자본주의 경제체제가 창출한 부(富)의 보조를 받는 적대적인 지식인들의 체제공격을 비롯한 여러 요인을 들고 있다. 그러나 다행히도 그의 혁신이론은 오늘날까지 자본주의 경제현상의 핵심을 잘 설명해주고 있는 반면에, 자본주의의 미래에 대한 그의 예측은 빗나간 것으로 판명되었다.

그러면 이와 같은 슘페터의 경제사상이 오늘날의 경영자들에게 주는 시사점은 무엇인가? 그것은 무엇보다도 기업가정신을 살리는 방향으로 회사의 기업문화와 조직을 바꿔야 한다는 것이다. 슘페터에 따르면 혁신은 창조적 파괴인데, 그가 칭찬한 대기업일수록 실은 창조적인 파괴를 억제하는 장치가 잘되어 있다. 즉, 변화에 대한 면역시스템이 발달해 있다. 그 대표적인 것이 조직구조이다. 현재같이 기능별, 사업부별, 지역별의 삼차원 형태로 조직을 짜는 것은 기업가정신을 죽이는 데 딱 알맞다.

어느 미국회사가 독일의 현지법인을 이렇게 삼차원으로 조직한 적이 있었다. 그랬더니 독일식의 엄격함, 관료적 행태, 업무의 철저한 분장, 위험회피 등등의 현상과 맞물리면서 그야말로 죽음의 조직이 되었다고 한다. 어떤 사람은 대기업이 지금 같은 계획시스템 및 통제시스템을 가지고 있는 한은 종업원들의 기업인기질이 약해질 수밖에 없다고 진단하고 있다. 기업인기질을 억누르는 요인은 이 밖에도 몇 가지 더 있다.

통제력을 잃지 않을까 하는 경영진의 의구심, 세세한 데까지 규제해야 일이 제대로 된다는 생각, 종업원들에 대한 신뢰의 부족 등이며, 끝으로 시기심이다.

역사학자 뒤랑에 의하면 역사가 우리에게 주는 중요한 교훈의 하나는 자유와 평등은 양립하기 힘들다는 것이다. 물질적인 자극요인이 없으면 기업가정신이 생겨나지 않는다. 자유재량과 부자가 될 수 있는 가능성이 함께 있을 때만 기업가적 기질이 마음껏 발휘된다. 기업문화가 그러한 에너지, 그러한 불평등을 포용하지 못하면 잠재적인 기업인들은 회사를 떠나거나 회사 안에 깊숙이 숨어버리고 만다.

오늘날의 젊은 세대는 그들의 사업수완을 발휘할 수 있는 기회를 몹시 갈망하고 있다. 따라서 회사가 자유로운 사업기회를 제공해줄 수 있다면 그것은 유능한 젊은이들을 끌고 확보하는 데에 큰 도움이 된다. 그러나 그러한 기회가 주어지기를 바라는 사람은 회사의 다른 연령층에서도 얼마든지 있을 수 있다. 이런 의미에서 새로운 프로젝트는 매우 좋은 기회다. 이것을 사내기업가들로 이루어진 독립된 사업부로 만드는 것이다. 대기업은 이러한 회사 내의 회사를 관리하는 법을 배워야 한다. 그러나 이것은 결코 쉽지 않다.

- 회사의 핵심업무가 아닌 일 가운데 외부에 맡길 수 있는 것이 있는가를 검토하라. 경비, 수송, 청소, 세탁, 서류배달 등은 많은 경우 작은 회사가 더 효율적으로 할 수 있다.
- 또한 이렇게 매각하지 않고 과감히 분권화하는 것만으로도 효과를 거둘 수 있는 일이 꽤 있다(보기 : 고객서비스, 판매, 조립).

과감한 분권화는 또한 회사에게 중요한 부수적인 효과를 가져 온다. 그것은 그러한 조직이 회사가 필요로 하는 전반경영자(general manager)의 더할 나위 없는 훈련장이 될 수 있다는 것이다. 젊은 종업원들은 생생한 경영관리의 경험을 통해 새로운 안목을 갖추게 된다.

오늘날 문제는 열심히 일할 마음이 없다든가 동기가 약하다든가 하는 것이 아니다. 오히려 그 반대다. 대부분의 젊은이들은 최선을 다할 용의가 있으며 정열적으로 일하고 싶어 한다. 그들은 기회만 주어진다면 그들의 머리와 가슴으로 그들의 숨은 능력을 증명하고 싶어 한다. 그러나 너무나 자주 숨 막히는 기업문화와 회사조직이 그들의 엄청난 기업가적 자질을 시들게 하고 있다. 이것은 당연히 바뀌어야 한다!

피터 드러커의 경영사상의
요체는 인간중심경영이다

 2005년 11월 11일 세상을 떠난 피터 드러커는 20세기가 낳은 가장 뛰어나고 존경받는, 그래서 가장 영향력이 큰 경영사상가였다. 수십 권의 저서를 남긴 이 어마어마한 대가의 경영이론 전체를 이 짧은 글에서 조감하려는 시도 자체가 무모하기 짝이 없고, 또 솔직히 저자는 그런 실력을 갖추고 있지도 못하다. 그래서 저자는 이 글을 통해 대학시절부터 30여 년 동안 그의 저서들을 꾸준히 탐독해온 한 독자이자 경영학자로서 먼저 그의 경영사상의 핵심을 언급하고, 이어서 경영에 대한 그의 통찰력과 미래를 내다보는 그의 안목이 왜 다른 모든 경영전문가들을 압도하는가를 논의하고자 한다.

 저자는 평생 동안 드러커가 화두로 삼은 두 개의 핵심용어는 '종업원(workers)'과 '미래'라고 생각한다. 우선 기업경영에 대한 그의 가르침의 중심테마는 "어떻게 하면 종업원들을 더 효과적으로 만드느냐"이다. 이런 의미에서 드러커의 경영사상의 핵심은 "기업의 성공의 열쇠는 헌신적인 종업원들이다"라고 말할 수 있다. 따라서 종업원들을 자원이 아닌 원가로 보는 시각은 크게 잘못된 것이며, 그들이 최고의 성과를 올릴 수 있는 환경을 조성하기만 하면 회사는 번창하게 되어 있다.

드러커는 또한 미래에 대해 늘 각별한 관심을 가지고, 앞날을 내다보곤 했다. 그는 이미 수십 년 전에 이른바 지식노동자들(knowledge workers)의 출현을 예고하였고, 1950년대에 일본이 경제대국으로 등장할 것이라고 말하였으며, 또한 일본의 경제력이 한창 세계를 휩쓸고 있던 1987년에 일본이 부딪칠 큰 어려움을 정확히 예언한 바 있다. 그는 권위주의적인 계층조직을 가진 대규모의 전통적인 기업은 차차 사라질 것이라고 하였고, 지나치게 올라가고 있는 CEO의 보수가 사회에 미칠 악영향을 오래전부터 걱정하였다.

또한 아마도 21세기에는 성인평생교육산업이 크게 성장할 것이라고 예측하였다. 이러한 예는 얼마든지 더 열거할 수 있다. 그러면 그는 어떻게 그토록 깊은 통찰과 빼어난 미래예측능력을 갖출 수 있었을까? 우리는 그 해답의 실마리를 그의 자서전인 《Adventures of a Bystander》에서 찾을 수 있다. 드러커처럼 1차 세계대전

(1914~1918)이 일어나기 전의 오스트리아-헝가리제국에서 중상·상류층의 자녀로 태어난 세대는 국제화된 분위기 속에서 아주 높은 수준의 소양교육을 받았다고 한다. 예를 들어, 이들이 여러 개의 외국어를 구사하는 것은 보통이었다. 청년 시절의 드러커는 한 걸음 더 나아가서 중세의 스페인 수사 그라시안(Soren Kierkegaard, 1601~1658)의 글을 읽기 위해 스페인어를 익혔으며, 키에르케고르(1813~1855)의 저술을 이해하기 위해 덴마크어를 배울 정도로 지적 호기심이 강했다.

이러한 탄탄한 기본소양과 더불어 그의 결정적인 또 하나의 강점은 역사에 대한 매우 깊은 이해이다. 역사에 관한 한 그는 거의 백과사전적인 지식을 가지고 있으며, 그러한 방대한 지식을 바탕으로 현재, 과거, 미래를 상상을 초월하는 기기묘묘한 방법으로 연결 짓는다. 즉, 그는 탁월한 연관능력(the skill of association)이 있으며, 아서 쾨스틀러(Arthur Köstler)라는 학자는 "이 연관능력이야 말로 창의성의 진정한 원천"이라고 말한 바 있다. 예를 들어, 드러커는 1999년에 나온 《Management Challenges for the 21st Century》라는 책에서 오늘날의 정보기술을 인쇄술의 역사에 비추어 고찰한 다음, IT혁명의 승자는 현재의 하드웨어나 소프트웨어회사가 아니고 지식과 콘텐츠를 다루는 출판사들일 것이라고 예견한다. 그리고 독일의 베텔스만(Bertelsmann) 같은 회사를 보기로 들고 있다. 베텔스만은 오늘날 세계에서 가장 큰 영어서적 출판사이다.

지난 수천 년 간의 인류역사를 되돌아보면, 역사는 반복되지 않지만 오랜 세월 동안 인간은 거의 변하지 않은 듯하다. 석가모니나 플라톤, 그리고 손자 등의 현인들이 인간과 인간의 행동에 대해 말한 내용은 예나 지금이나 다 정확히 들어맞는다. 그래서 우리는 현재 일어나고 있는 현상과 미래를 과거에 비추어 해석할 때 귀중한 통찰을 얻을 수 있는 것이다. 이것이 바로 대다수의 경영학자들이 가지고 있지 않은 피터 드러커의 독특하고 위대한 강점이다.

　　그는 역사라는 도구를 가지고 우리를 가르쳤다. 즉, 드러커는 바로 과거의 사람이었기 때문에 미래의 사상가로 빛을 발하고 있는 것이다.

자본가의 업적은 여왕들에게 더 많은 비단 스타킹을 제공하는 것이 아니다. 그것은 공장에서 일하는 소녀들이 점점 더 노력을 적게 기울여도 그 대가로 비단 스타킹을 살 수 있게 해주는 것이다.

                                            - 요셉 슘페터(Joseph Schumpeter)

9장

인문학과 경영

지도자가 되려면 고전을 읽어라!
인문학과 경영의 만남
인문학은 경영의 든든한 버팀목이다

지도자가 되려면
고전을 읽어라!

미래의 지도자를 꿈꾸는 직장인들에게 도대체 고전읽기란 무엇인가? 왜 고전을 읽어야 하는가? 그 해답을 찾기 위해 우리는 먼저 지도자란 어떤 사람인가를 생각해 볼 필요가 있다.

이 책의 저자 중 한 사람인 헤르만 지몬은 "지도자란 사람들로 하여금 그들 스스로는 해낼 수 없는 일을 해내도록 하는 사람"이라고 정의한 바 있다. 또 독일이 낳은 세계적인 기업가인 라인하르트 몬 (Reinhard Mohn) 베텔스만 회장은 리더십과 관련하여 동기유발 (motivation)이 조직(organization)보다 더 중요하다고 말한 바 있다. 즉, 지도자란 "사람을 이끌고 움직임으로써 자신의 또는 자신이 속한 조직의 목표를 달성하려는 사람"을 말한다. 따라서 지도자가 되기 위해 또는 리더십을 발휘하기 위해 가장 필요한 것은 바로 사람을 이해하는 것이다. 사람을 이해해야만 남을 자발적으로 움직이게 할 수 있기 때문이다.

그런데 지난 수천 년간 역사는 반복되지 않지만 오랜 세월 동안 인간은 거의 변하지 않은 듯하다. 공자나 소크라테스, 아리스토텔레스, 그리고 세네카 등의 현인들이 인간과 인간의 행동에 대해 말한 내용은 그때나 지금이나 거의 다 정확히 들어맞는다. 그래서 우리는 옛 현인들의 인간에 대한 깊은 통찰이 담뿍 담겨 있는 고전을 읽음으로써 인간의 심리와 본질을 더 잘 이해할 수 있는 것이다. 인간에 대한 이러한 깊은 이해가 있을 때 사람을 위하는 마음과 사람을 이끄는 힘을 고루 갖춘 지도자로 성장할 수 있는 가능성이 더 커지는 것은 두말할 나위도 없다.

그러면 고전에서 얻을 수 있는 인간에 대한 통찰의 보기를 두 개만 들어보기로 한다. 로마의 대표적인 철학자이자 정치가, 그리고 문필가였던 세네카의 다음 말을 들어보자

"내부적인 발전의 큰 부분은 발전하려는 의지에 의해 벌써 결정된다."

"하고자 하는 의지가 없는 것이 진짜 이유이고, 할 수 없다는 것은 핑계에 지나지 않는다."

이처럼 세네카는 의지의 중요성을 줄기차게 강조하였는데, 이러한 사상은 기업의 지도자가 바로 경영에 활용할 수 있다. 왜냐하면 오늘날 기업경영에서 매우 중요한 위치를 차지하고 있는 전략의 핵심적인 요소가 바로 의지이기 때문이다. 전략을 추진하는 원동력은 한 개인이나 팀의 강한 의지이다. 그러나 기존의 경영학 문헌에서는 의지를 거의 다루고 있지 않다. 그래서 우리는 세네카를 통해 많은 경영학자들이 간과하고 있는 귀중한 통찰을 얻을 수 있는 것이다.

또 앞에서 한 번 이야기했지만, 《전쟁론》을 지은 클라우제비츠는 전략과 관련하여 "전략은 함께 싸움터에 뛰어들어 현장에서 구체적인 내용을 지시하고 수시로 전체계획을 수정해야 한다. 싸움터에서는 계획을 바꿔야 하는 상황이 끊임없이 일어나기 때문이다. 따라서 전략은 한순간도 현장에서 눈을 돌리면 안 된다"라고 말한 바 있다.

이렇게 현장을 중시하는 클라우제비츠의 생각에서 우리는 회사의 경영진이 정기적으로 직접 고객과 접촉해야 한다는 시사점을 얻을 수 있다. 그래야만 현실에 맞으면서도 차원 높은 전략을 세우는 데 꼭 필요한 뛰어난 현장감각을 갖출 수 있기 때문이다.

고전에서 얻을 수 있는 이러한 통찰의 보기를 우리는 얼마든지 더 열거할 수 있다. 이 책 저자의 한 사람인 유필화는 몇 해 전에 《CEO, 고전에서 답을 찾다》라는 책에서 그러한 지혜의 정수를 아래의 세 가지로 요약한 바 있다.

- 인간중심 또는 인간중시 경영의 우수성
- 간절한 원(願)의 힘
- 집중 또는 몰두의 중요성

그러나 이것은 고전이라는 지혜의 바다에서 건져 올린 몇 개의 얼음조각에 지나지 않는다. 고전은 우리 곁에 늘 가까이 있는 무궁무진한 보물창고이기 때문이다. 우리의 유능한 직장인들이 그곳에 수시로 드나들며 삶을 살찌우고, 훌륭한 지도자로 커나가기를 간절히 기원한다.

인문학과 경영의 만남

들어가는 말

경영의 본질은 사람을 다루는 것이다. 재화를 생산하는 기업을 움직이는 경영자와 직원들은 모두 사람이며, 기업이 만족시켜야 하는 고객과 주주도 사람이다. 또한 경영활동을 하는 과정에서 끊임없이 부딪치는 협력회사·관청·금융회사, 그리고 경쟁사의 사람들도 모두 인간이라는 면에서는 마찬가지다.

그렇다면 사람과 삶에 관한 근본적인 질문을 던지고, 그것에 대한 해답을 찾기 위한 노력을 줄기차게 해온 인문학과 경영 사이에는 어떤 공통영역이 있지 않을까? 그 대답은 물론 '그렇다'이다. 뿐만 아니라 우리는 경쟁이 극심해지고 참신한 경영 아이디어가 드물어질수록, 즉 오늘날 같은 시대일수록 기업 및 경영자는 더욱 인문학에 주목할 필요가 있다고 본다. 그것은 그러한 때일수록 인문학적 소양에 바탕을 둔 상상력이 기업경영에 획기적인 도움을 줄 수 있기 때문이다. 이 말의 뜻을 인문학의 근간을 이루고 있는 역사 · 문학 · 철학과 경영의 관계를 논의하는 형태로 생각해보는 것이 이 글의 목적이다.

역사

인문학과 경영, 특히 역사와 경영의 만남을 생각할 때 가장 먼저 머리에 떠오르는 분은 역시 경영학자 피터 드러커다. 무려 60년에 걸쳐 39권의 주옥같은 저서를 남긴 그는 깊은 통찰과 뛰어난 미래예측능력으로 현대의 경영 및 경영자들에게 크나큰 영향을 미쳤고, 지금도 미치고 있다.

그가 이렇게 다른 경영전문가들을 압도하는 영향력과 통찰력을 갖출 수 있었던 까닭은 그가 어린 시절을 보낸 당시의 오스트리아–헝가리제국에서 아주 높은 수준의 소양교육을 받았고, 또 역사를 깊이 이해하고 있었기 때문이다. 특히 역사에 관한 한 그는 아주 깊은 지식을 가지고 있었으며, 그러한 방대한 지식을 바탕으로 현재와 과거, 미래를 상상을 초월하는 방법으로 연결 짓곤 했다. 즉, 그는 탁월한 연관능력(the skill of association)이 있었다. 아서 퀘스틀러라는 학자는 이 연관 짓는 능력이야말로 창의성의 진정한 원천이라고 말한 바 있다.

역사는 물론 칼 마르크스(Karl H. Marx)나 오스발트 슈펭글러(Oswald Spengler)가 주장한 것처럼 반복되거나 어떤 불변의 법칙에 따라 움직이지 않는다. 그러나 한편 인류역사를 되돌아보면 오랜 세월동안 인간은 거의 변하지 않은 듯하다. 한비자와 제갈공명, 마키아벨리와 칸트(Kant), 그리고 괴테 등의 현인들이 인간과 인간의 행동에 대해 말한 내용은 예나 지금이나 대체로 다 들어맞는다. 그래서 우리는 현재 일어나고 있는 현상과 미래를 과거의 비슷한 사례에 비추어 해석할 때, 또는 현인들의 지혜를 오늘날에 맞게 적용할 때 귀중한 통찰을 얻을 수 있는 것이다.

이러한 진실을 덴마크의 실존철학자 키에르케고르는 다음과 같이 멋지게 표현한 바 있다.

"삶은 뒤를 되돌아봄으로써만 이해될 수 있지만, 앞을 내다봄으로써만 살아갈 수 있다."[15]

또 조지 산타야나(George Santayana)라는 철학자는 "역사로부터 배우려고 하지 않는 사람에게 역사는 반복된다"라고 말한 바 있다. 이렇게 놓고 볼 때 우리는 경영학자 피터 드러커의 경쟁력의 진정한 원천을 알 수 있다. 즉, 풍부한 역사지식을 바탕으로 한 미래를 내다

---

15) "Das Leben kann nur in der Schau nach rückwärts verstanden, aber nur in der Schau nach vorwärts gelebt werden."

보는 안목, 그리고 더할 나위 없는 인문학적 깊이가 그의 독특하고 위대한 강점이었던 것이다.

오늘날 아쉽게도 대다수의 경영학자들은 이러한 강점을 가지고 있지 않다. 그들의 역사지식은 대체로 피상적이거나 또는 매우 빈약하다. 그리고 기업사를 연구한다고 하는 전문가들도 자신들의 전공과 관련이 있는 좁은 분야만을 다루고 있는 데 반하여, 드러커는 훨씬 더 넓은 역사지식을 갖추고 있었다.

역사에 대한 이해가 부족하거나 역사의식이 약하면 잠시 나왔다가 사라지는 경영 분야의 일시적인 유행어나 풍조에 빠지기 쉽다. 옛 술을 새 부대에 담아놓고 새로운 것을 만들었다고 떠드는 일이 비일비재한 오늘날의 경영의 세계에서는 그러한 위험이 더욱 크다고 하겠다. 역사는 우리에게 새로운 안목을 열어주고, 미래를 더 잘 이해할 수 있게 해준다. 따라서 세상을 늘 신선한 시각으로 바라보고 미래를 내다보며 끊임없이 발전적으로 변신해야 하는 현대의 경영자들에게 역사지식과 그것으로부터 얻는 통찰은 매우 믿음직스러운 경쟁우위가 될 수 있다.

문학

수년 전에 유필화는 외람되게 경영학자로서 자신이 이해하고 있는 경영의 핵심을 여러 편의 시(詩)로 표현한 바 있다.[16] 그 가운데 하나가 "경영의 진리"라는 시인데, 그것의 첫째 연은 아래와 같다.

시장이 있어야 기업이 있다
떠나라, 충족되지 않은 고객의 욕구를 찾아서
당신이 가는 길은 남들이 가지 않은 길
당신의 목적지는 풍요로운 황무지
당신의 몸은 현장, 가슴은 겸양, 머리는 상상력

이것은 기업경영의 가장 기본적인 전제조건은 '충족되지 않은 욕구'로 표현되는 시장의 존재라는 명제를 나타내려고 한 것이다. 그런데 나는 여기에서 구태여 '상상력'이라는 말을 쓰고 있다. 그만큼 나는 시장개척, 아니 기업경영에서 상상력이 매우 중요하다고 생각한다. 그것은 고객을 위한 새로운 부가가치를 창출하는 창조적 활동이 기업경영의 본질이고, 창의성의 핵심은 바로 상상력이기 때문이다. 이와 관련하여 인간 상상력의 극치를 보여주는 두바이 프로젝트를 정력적으로 추진하고 있는 셰이크 모하메드 국왕이 시인이라는 사실은 우리에게 어떤 시사점을 줄까? 그것은 문학적인 상상력과 감수성이 경영의 엄청난 활력소가 될 수 있다는 것이다.

---

16) 유필화 (2006), 사랑은 사랑이 아닙니다, 교보문고

빼어난 문학작품은 상상력이라는 보물의 그야말로 무진장한 창고이다. 호머(Homer)의 일리아드와 오디세이는 예나 지금이나 변치 않는 풍부한 영감(inspiration)의 원천이고, 셰익스피어와 만해 한용운의 작품을 통해 우리는 인간의 내면을 깊이 들여다볼 수 있다. 마명(馬鳴)의 《붓다차리타》와 단테(Dante)의 《신곡(神曲)》에서 우리는 인간의 경건한 마음이 얼마나 위대한 힘을 발휘할 수 있는가를 본다. 삼국지와 열국지만큼 훌륭한 경영전략과 리더십의 교과서는 아직도 찾아보기 힘들다. 우리는 이러한 보기를 얼마든지 더 열거할 수 있을 것이다.

여기서의 결론은 명확하다. 인간 상상력의 집대성인 뛰어난 문학작품의 감상을 통해 경영자는 삶과 경영을 더 넓고 깊게 그리고 총체적으로 바라볼 수 있다. 그러한 과정에서 꿈과 모험심, 상상력은 자연히 커지게 마련이며, 그로 말미암아 그는 한층 더 차원 높은 생각과 마음을 가지고 경영에 임하게 된다. 한마디로 말해 문학을 통해 경영자는 자신의 내면과 만나게 되며, 자신과의 만남은 더욱 창의적인 경영활동으로 이어지게 되는 것이다.

철학

기업경쟁력의 궁극적인 밑바탕은 최고경영자의 철학이 스며 있는 기업문화이다. 그래서 많은 경영학자들이 "훌륭한 회사와 평범한 회사를 구분 짓는 것은 기계나 공장, 조직구조 등이 아니라 기업문화다"라고 이야기하고 있다. 또 독일의 아주 성공적인 기업가 라인홀트 뷔르트(Reinhold Würth)는 다음과 같이 말했다.

"최신 장비와 시설을 갖춘 환경에서 동기유발이 되지 못한 직원들이 일할 때보다, 비록 기계는 낡고 공장은 허름할지라도 직원들이 신나게 일할 때가 효과와 효율 면에서 훨씬 낫다."

훌륭한 기업문화는 특히 회사가 어려울 때 큰 힘을 발휘한다. 기업경영에서 이토록 중요한 의미를 갖는 기업문화는 최고경영자의 경영철학을 반영하게 마련이다. 이렇게 놓고 보면 최고경영자의 경영철학은 기업의 장기적인 성패에 커다란 영향을 미치는 변수임을 알 수 있다. 이러한 점에 착안하여 유필화는 언젠가 '사장일기'라는 시에서 최고경영자의 심정과 그에게서 요구되는 철학을 노래했다. 다음은 그 시의 셋째 및 넷째 연이다.

사장은 오직 회사만을
위해 살아야 하는 사람
회사를 키워 더 나은 세상을 만드는 사람
무쇠 같은 의지와 불꽃같은 정열이 없으면
일찌감치 딴 길을 가라

내 가슴은 새가슴, 긴장은 나의 일상

외로움은 나의 벗이다.

도전정신은 나의 주식(主食)이요

희망은 나의 버팀목이다

누가 뭐라 해도 나는 이 자리가 자랑스럽다

내가 잘하면 수많은 중생들의 행복을

무한히 증진시킬 수 있으므로.

다시 태어나도 나는 이 길을 가련다

미국의 엔론(Enron), 월드컴(Worldcom), 그리고 일본의 식품회사 유키지루시의 사례에서 보듯이 잘못된 경영철학은 기업의 몰락을 가져올 수 있다. 반면, 미국의 존슨앤존슨(Johnson&Johnson)은 1982년 자사제품 타이레놀에 독극물이 투여된 사건이 터졌을 때 시카고 지역의 제품을 모두 회수하라는 미국 식약청의 명령을 뛰어넘는 조치를 취한 바 있다. 즉, 미국 전역에 깔려 있는 타이레놀을 전부 거두어들인 것이다.

또 우리나라의 교보생명은 IMF사태 직후의 고금리시대에 대량으로 팔았던 금리보장상품이 금리가 떨어지자 회사에 커다란 부담이 되기 시작한 사태를 맞았다. 그러나 고객과의 약속을 무엇보다 중시했던 이 회사는 감언이설로 고객들로 하여금 현재 가입하고 있는 상품을 다른 것으로 바꾸도록 하는 조치를 취하지 않았다.

그런데 이러한 사례에서도 경영철학의 중요성이 극명하게 드러나지만, 나는 그렇다고 해서 경영자들이 칸트의 《순수이성비판》이나 헤겔(Hegel)의 《정신현상학》을 읽을 필요까지는 없다고 생각한다. 중요한 것은 철학적 성찰이지 철학에 관한 전문지식이 아니기 때문이다.

그러나 철학적 성찰을 생활화하고 사고(思考)의 깊이를 더하기 위해서 인류사상사의 근간을 형성해온 명저들을 가까이 두는 것은 좋다고 본다. 즉, 기독교의 《신약성서》와 《구약성서》, 불교의 《아함경》과 《숫타니파타》 및 《법구경》, 유교의 《논어》·《맹자》·《대학》·《중용》 등을 틈틈이 읽는 것은 권장할 만하다.

아울러 철학사의 흐름을 알 수 있게 해주는 박종홍 선생의 《철학개설》이나 요슈타인 가아더의 《소피의 세계》 등도 적지 않은 도움이 될 것이다. 그러나 이 모든 저서들은 어디까지나 수시로 스스로를 되돌아보는 철학적인 자세를 정립하기 위한 수단에 지나지 않는다. 우리 회사에 맞는 나만의 경영철학은 어차피 남이 가르쳐줄 수 없기 때문이다.

미래의 경영자들에게

나는 지금까지 인문학과 경영의 관계를 여러 측면에서 살펴보았다. 창의성과 상상력, 그리고 인간에 대한 깊은 이해를 나날이 더 중시해야 하는 현대의 경영자들에게 인문학과 인문학적 소양은 커다란 힘이 될 것이다. 이 글을 읽고 더 많은 현재 및 미래의 경영자들이 인문학에 더욱 더 큰 관심을 기울이게 되기를 희망한다.

인문학은 경영의
든든한 버팀목이다

경영은 한편으로는 고객들에게 한층 더 높은 부가가치를 제공하기 위해 노력하면서, 또 한편으로는 그러한 부가가치를 생산하는 데 소요되는 원가를 내리려고 애쓰는 인간의 활동이다. 경영자는 이러한 활동을 다루기 힘든 회사 안팎의 수많은 사람들을 다독거려가며, 그리고 위험과 불확실성으로 가득 찬 환경 속에서 수행해야 한다. 그래서 무쇠 같은 의지와 불꽃같은 정열이 없으면 무척 가기 힘든 것이 경영자의 길이다. 더구나 오늘날처럼 경쟁이 더욱 극심해지고 변화의 속도가 나날이 더 빨라지며, 참신한 경영 아이디어가 점차 드물어지는 듯한 시대의 경영자는 참으로 외로운 존재라고 할 수밖에 없다.

그런데 나는 이러한 시대일수록, 아니 바로 이러한 시대이기 때문에 인문학 및 인문학적 소양은 경영자의 친근한 벗이자 믿음직스러운 길잡이, 그리고 든든한 버팀목이 될 수 있다고 생각한다. 그 까닭은 무엇인가?

앞에서 언급한 대로, 경영은 위험과 불확실성의 보금자리이므로 경영자는 늘 크고 작은 어려움에 부딪히게 되어 있다. 어떤 때는 회사의 존망이 걸린 위기가 오는 수도 있다. 또한 고객들이나 경쟁사는 말할 것도 없고 심지어는 우리 회사 직원들도 내 뜻대로 움직여주지 않는다. 그러나 쉴 새 없이 들이닥치는 각종 시련은 실은 회사를 강하게 만드는 강장제가 될 수 있다. 말 안 듣는 사람들을 열심히 다루다 보면 나의 리더십능력이 개발된다. 이렇게 장애 가운데서 해결의 실마리를 보고, 막히는 데서 도리어 통하는 것임을 간파할 수 있는 경영자의 지혜와 통찰력은 회사가 어려울 때 특히 큰 힘을 발휘한다.

이와 같이 방해하는 것이 오히려 성취로 이끄는 것임을 아는 힘은 끊임없는 철학적 성찰에서 나온다. 나는 기업을 궁극적으로 지켜주는 것은 이렇게 수시로 스스로를 되돌아볼 줄 아는 최고경영자의 경영철학이라고 생각한다. 그래서 최고경영자의 철학적 소양은 기업경영에서 매우 중요한 의미를 갖는 것이다.

인문학은, 특히 인류사상사의 근간을 형성해온 명저들은 경영자가 철학적 성찰을 생활화하고 사고(思考)의 깊이를 더하는 데 매우 큰 도움이 될 수 있다. 그러나 철학 분야의 그 모든 뛰어난 저작들은 어디까지나 자신의 내면을 들여다보는 철학적인 자세를 정립하기 위한 수단에 지나지 않는다. 어차피 우리 회사에 맞는 나만의 경영 철학은 남이 가르쳐줄 수 없기 때문이다.

나는 고객을 위한 새로운 부가가치를 창출하는 창조적 활동이 기업경영의 본질이라고 본다. 그런데 창의성의 핵심은 바로 상상력이라는 것이 많은 학자들의 공통된 의견이다. 그렇다면 인문학적 소양에 바탕을 둔 상상력은 경영의 엄청난 활력소가 될 수 있을 것이다. 특히 빼어난 문학작품은 상상력이라는 보물의 그야말로 무진장한 창고이다.

끝으로 경영과 역사의 관계를 생각해보자. 역사는 이미 증명된 바와 같이 칼 마르크스나 오스발트 슈펭글러가 주장한 것처럼 반복되거나 어떤 불변의 법칙에 따라 움직이지 않는다. 그러나 한편 인류 역사를 되돌아보면 오랜 세월동안 인간은 거의 변하지 않은 듯하다. 원효와 지눌, 사르트르와 셰익스피어, 그리고 니체 등의 현인들이 인간과 인간의 행동에 대해 말한 내용은 예나 지금이나 대체로 다 들어맞는다. 그래서 우리는 현재 일어나고 있는 현상과 미래를 과거의 비슷한 사례에 비추어 해석할 때, 또는 현인들의 지혜를 오늘날에 맞게 적용할 때 귀중한 통찰을 얻을 수 있는 것이다.

역사에 대한 이해가 부족하거나 역사의식이 약하면 잠시 나왔다가 사라지는 경영분야의 일시적인 유행어나 풍조에 빠지기 쉽다. 역사는 우리에게 새로운 안목을 열어주고, 미래를 더 잘 이해할 수 있게 해준다. 따라서 세상을 늘 신선한 시각으로 바라보고 미래를 내다보며 끊임없이 발전적으로 변신해야 하는 현대의 경영자들에게 역사지식과 그것으로부터 얻는 통찰은 매우 믿음직스러운 경쟁우위가 될 수 있다.

결론적으로 말해 창의성과 상상력, 그리고 인간에 대한 깊은 이해를 나날이 더 중시해야 하는 현대의 경영자들에게 인문학과 인문학적 소양은 커다란 힘이 될 것이다. 앞으로 더 많은 현재 및 미래의 경영자들이 인문학에 더욱 더 큰 관심을 기울이게 되기를 희망한다.

삶은 뒤를 되돌아봄으로써만 이해될 수 있지만, 앞을 내다봄으로써만 살아갈 수 있다.(Das Leben kann nur in der Schau nach rückwärts verstanden, aber nur in der Schaunach vorwärts gelebt werden.)
                                        – 소렌 키에르케고르(Soren Kierkegaard)

10장

시론(時論) 및 사례

한국은 더 많은 히든 챔피언을 필요로 한다
완벽주의는 기업가 정신을 시들게 한다
혁신의 왕자 애플에서 배운다
프록터앤드갬블의 커다란 도박

한국은 더 많은
히든 챔피언을 필요로 한다

오늘날 경영학 문헌에서 다루고 있거나 명문 경영대학원에서 가르치고 있는 기업경영에 관한 내용은 대부분 대기업이나 초대형 기업에 초점이 맞춰져 있다. 언론에서 자주 보도하는 내용도 예외가 아니다. 이런 이유로 삼성, LG, 현대, SK, 포스코 같은 우리나라의 거대기업들은 국내뿐만 아니라 전 세계에 알려져 있다. 또 세상에 알려진 성공사례나 뛰어난 경영사례는 대부분 대기업들에 관한 것이다. 이런 것은 사례연구의 소재가 되고 경영에 관한 일종의 신화를 만들어내기도 한다.

그러나 현실의 경제세계는 사정이 전혀 다르다. 현실에서는 경제의 큰 부분이 대기업이 아니라 중소기업들로 이루어져 있다. 그리고 많은 중소기업들이 대기업이 무색할 정도의 뛰어난 경영성과를 올리고 있다. 반면 과거에 우리를 매료했던 대기업들의 현재 위상을 보자. 1950년대에는 GM이, 1970년대에는 IBM이 스타기업이었다. 두 회사는 모두 탁월한 경영의 본보기였다.

그러나 이들은 이미 빛이 바랬으며, 최근까지 초우량기업의 상징이었던 GE나 도요타도 고전을 면치 못하고 있다. 마이크로소프트, 노키아, 구글 등의 스타기업들에게 똑같은 일이 벌어지지 않는다고 누가 장담할 수 있겠는가? 또 마이크로소프트나 구글 같은 세기의 스타들에게서 보통 사람들이 구체적으로 과연 무엇을 배울 수 있을까? 그것들은 알버트 아인슈타인이나 타이거 우즈처럼 그 분야에서 유일무이한 존재들이다.

또 눈을 우리나라로 돌려보자. 과연 앞으로 10년 내에 우리 경제를 주도해온 삼성이나 현대 같은 대재벌이 또 나올 수 있을까? 그 확률은 아마 높지 않을 것이다.

그러나 반면에 세계시장을 주름잡고 있는 독일의 초일류 중소기업들, 즉 히든 챔피언들 같은 기업은 한국에서 앞으로 얼마든지 더 나올 수 있고 또 나와야 한다. 히든 챔피언들은 스타가 아닌 보통 사람들이 배울 수 있는 좋은 본보기이자 따라할 수 있는 매우 적절한 모델이다. 왜냐하면 그들은 지극히 평범한 회사지만, 목표에 맞는 적절한 전략들을 개발함으로써 시장에서 선두를 차지한 회사들이 되었기 때문이다. 따라서 이들의 전략에는 소규모 회사든 대기업이든 상관없이 본받을 만한 지침들이 담겨 있다. 나는 앞으로도 놀라운 경영과 전략들을 계속 발견할 수 있는 곳은 대기업이 아니라 바로 히든 챔피언들이라고 확신한다.

더욱 놀라운 것은 히든 챔피언들은 이른바 경영의 대가들의 가르침이나 한 시대에 유행하는 경영풍조와 사뭇 다르게 행동한다는 사실이다. 그들은 또 대기업과도 다른 방식으로 회사를 경영하고 있다. 구체적으로 그들의 전형적인 행동양식은 다음과 같다.

1 그들은 매우 야심찬 목표를 추구한다. 이들이 추구하는 목표 가운데 가장 대표적인 것은 세계시장 제패이다.

2 히든 챔피언들은 명확한 집중전략을 쓰며 다각화를 기피한다. 이들은 자기 회사의 핵심적인 강점에 집중하며 또한 그것을 지속적으로 개선하고 있다. 그 결과 그러한 핵심적인 강점은 이 회사들의 믿음직스러운 경쟁우위가 되고 있다.

3 그들은 결연한 자세로 세계로 나아간다.

4 그들은 고객들과 매우 긴밀한 관계를 유지한다. 고객들과 직접 접촉하고 따라서 고객의 욕구와 필요를 더 깊이 이해하는 이들 회사 직원들의 비율은 대기업보다 훨씬 높다.

5 그들은 많지 않은 자원으로 지속적인 혁신을 일구어낸다. 이들

은 어떤 획기적인 혁신을 추구하기보다는 꾸준히 조금씩 제품과 공정을 개선하는 데 주안점을 두고 있다. 즉, '티끌모아 태산'이 되듯이 조그마한 개선이 쌓여서 완벽에 이르게 된다는 것이 이들의 생각이다.

6 이들은 자신들의 힘과 지식을 믿으며 남의 힘을 빌리거나 다른 회사와 협조하는 것을 꺼린다. 이들은 근본적으로 다른 사람들이 자신들의 문제를 풀어줄 수 있을 것으로 생각하지 않는다.

7 히든 챔피언들의 직원들은 애사심이 남달리 강하며, 일에 대한 열정을 가지고 있다. 이러한 높은 동기유발상태를 강화하기 위해 이들은 대체로 사람을 적게 쓴다. 그리하여 늘 사람보다 일이 많도록 한다.

8 히든 챔피언들의 최고경영자는 강한 개성의 소유자들이며, 이들은 비전과 카리스마적 권위를 가지고 있다. 이들은 이러한 권위를 바탕으로 회사가 추구하는 근본적인 가치를 조직 내에 스며들게 한다. 그러나 이들은 그러한 가치를 실제로 실행하는 면에 있어서는 매우 너그럽다. 즉, 아랫사람들이 융통성을 많이 발휘할 수 있도록 한다.

이상에서 보았다시피 히든 챔피언들의 경영방식은 현대의 경영학, 특히 미국의 경영학이 가르치는 것과는 상당히 다르다. 그들은 단호하게 그들 나름대로의 길을 걷고 있으며, 고객만족 · 혁신 · 품질 등의 근본 원칙을 다른 회사들보다 더 철저히 실행하고 있다. 이러한 그들의 독자적인 경영철학과 자세가 우리에게 주는 궁극적인 교훈이 아닌가 한다.

완벽주의는
기업가정신을 시들게 한다

　군사문화와 대재벌의 성공사례에 익숙해져 있는 우리는 흔히 완벽하게 조직된 기업을 우러러보는 경향이 있다. 꼼꼼하게 회의를 준비하고, 시간을 정확히 지키고, 모든 것이 한 치의 오차도 없이 잘 굴러가는 그런 조직을 누구보다도 찬양한 사람은 바로 막스 베버 (Max Weber, 1864~1920)이다. 국가의 행정조직에서 그 전형을 볼 수 있는 이러한 관료주의를 사회과학 분야 전체의 어마어마한 대가인 베버가 극찬한 사실은 오늘날의 우리의 사고(思考)에도 적지 않은 영향을 미치고 있다. 베버가 살았던 시대나 산업화가 한창 진행되는 단계에서는 이러한 질서 중시의 조직이 적합할 수 있다.

　기업에서는 그러한 조직이 대체로 집권화의 형태를 띠고 있는데, 집권화는 회사의 공통된 비전을 달성하고 시너지효과를 실현하며,

공동의 자원을 더 잘 활용할 수 있게 해주는 등의 장점이 있다. 그리고 산업화시대에서는 이러한 장점이 매우 중요했던 것으로 보인다.

그러나 완벽한 관리와 통제를 추구하는 조직은 관료주의, 융통성의 결여, 높은 비용 등의 부작용을 낳게 마련이며, 무엇보다도 기업가정신을 질식시키는 커다란 단점이 있다. 대부분의 회사들은 지나치게 조직화되어 있고, 특히 너무 집권화되어 있다. 본사가 하부조직보다 모든 것을 더 잘 알고 더 똑똑하다는 생각은 좀처럼 없어지지 않는다. 이것은 정치에서도 마찬가지다. 중앙정부는 지방자치단체보다 스스로가 한 수 위라고 자부하며, 유럽에서는 브뤼셀에 있는 EU본부가 각 회원국보다 더 현명한 듯이 행동한다.

그런데 경제계에서 이러한 중앙집권적 조직원리를 과감히 탈피한 사람들이 있다. 그들이 바로 요즘 전 세계를 풍미하고 있는 사모펀드투자자들(private equity investors)이다. 그들은 인수한 회사의 새 경영진들에게 놀라울 정도로 많은 권한을 준다. 또한 세계시장을 석권하고 있는 독일의 중소기업들, 이른바 히든 챔피언들도 철저한 분권화를 추구하고 있는 경우가 많다. 예를 들어, 담배제조기시장의 90퍼센트를 차지하고 있는 하우니(Hauni)를 비롯한 여러 세계적인 계열사를 거느리고 있는 쾨르버그룹(Körber Group)은 각 자회사로 하여금 독립경영을 하도록 하고 있다. 이 밖에도 용접기술을 선도하는 IBG나 콤프레서 및 추진장치기술 분야의 초일류회사 회르비거

(Hoerbiger) 같은 회사들도 10여 개의 독립적인 사업부로 이루어져 있다. 각 사업부가 육중한 유조선보다는 쾌속정같이 작고 재빠르게 움직임은 말할 것도 없다. 이러한 조직구조의 결정적인 강점은 경영진이 기업가로서의 기량을 마음대로 펼칠 수 있다는 것이다.

대기업들은 우리가 흔히 이야기하는 대기업병 또는 대기업의 경직화 등의 문제점들을 잘 알고 있고, 그래서 분권화하려는 노력도 적지 않게 하고 있다. 그럼에도 불구하고 그것이 잘 안 되는 까닭은 다음과 같다.

- 통제력을 잃지 않을까 하는 경영진의 의구심
- 세세한 데까지 규제해야 일이 제대로 된다는 생각
- 직원들에 대한 신뢰의 부족
- 자유재량과 물질적인 자극요인을 함께 주어야 하는데, 그로 말미암아 일어날 수 있는 불평등을 포용할 수 있는 기업문화의 결여

이러한 이유로 기업가의 에너지를 발산할 수 있는 분위기가 조성되지 않으면 그러한 기질을 가진 사람들은 회사를 떠나거나 회사 안에 깊숙이 숨어버리게 마련이다.

분권화의 결정적인 성공요인은 바로 '책임'이다. 분권화의 핵심은 "회사가 경영에 관여하지 않는 대신 성과를 검토하고 그 결과에

따라 적절한 조치를 취하는 것"이다. 여기서 중요한 것은 회사가 이 '적절한 조치'를 <u>철저히</u> 취해야 한다는 점이다. 만일 회사가 성과가 좋지 않은 사람을 효과적으로 제재하지 않으면 그 피해는 매우 크다. 반면에 회사가 지나치게 집권화되어 있으면, 그것은 성과가 낮은 사람에게 "이것은 내 책임이 아니다"라는 좋은 핑계거리를 제공해준다. 그리고 그 말이 어느 정도 일리가 있는 것도 사실이다. 많은 경영자들이 현재의 부서가 자신의 것이라면 지금과는 전혀 다른 방식으로 이끌고 나가겠다고 이야기하고 있다. 어떤 보험회사의 지점장은 현재의 인원을 절반으로 줄이고도 똑같은 실적을 올릴 수 있다고 했다. 실제로 그는 후에 그 지점을 인수하였으며, 현재 절반의 인원으로 갑절의 매출을 올리고 있다.

이런 사례는 회사가 지나치게 조직화되어 있다는 좋은 증거이다. 기업이 관리와 통제를 줄여야 하는 또 하나의 이유는 피터 드러커가 이야기하는 '지식노동자' 시대의 도래이다. 산업근로자가 아닌 지식노동자들의 재능을 활용하려면 다른 접근방식이 필요하다. 경영자는 그들을 거대한 기계의 부품이 아닌 두뇌노동자로 대접해주어야 한다. 즉, 통제에 의한 관리보다는 신뢰와 기업문화에 의한 관리가 요구된다.

지금까지 우리는 지식노동자가 경제의 주역이 되어가고 있는 현대기업사회에서의 분권화의 중요성을 역설했다. 이런 시대에는 회사가 1퍼센트의 문제를 없애기 위해 100퍼센트의 규정을 만들지 말아야 한다. 왜냐하면 약간의 실수는 너그럽게 보아주는 것이 모든 것을 완벽하게 규제하려는 것보다 더 효율적이고 경제적이기 때문이다.

또 유럽의 어느 경영학자는 새로운 규정을 만들 때마다 이미 시효가 다한 옛날 규정을 없애자는 재미있는 제안을 내놓기도 했다.

회사는 또 이런 저런 이유로 새로운 부서의 창설 등 더 많은 조직화를 요구하는 직원들에게 쉽게 양보하면 안 된다. 이제 기업의 CEO를 비롯한 모든 조직의 우두머리들은 조직화의 정도를 높이기보다는 낮추기 위해 더 힘써야 하기 때문이다.

혁신의 왕자
애플에게서 배운다

2010년 1월 27일, 스티브 잡스(Steve Jobs)가 이끄는 혁신의 대명사 애플(Apple)은 엄청난 주목을 받으며 대망의 신제품 아이패드 (iPad)를 선보였다. 애플의 태블릿 PC(= 터치스크린으로 작동되는 소형 PC)라고 할 수 있는 아이패드는 4월 3일부터 미국에서 499~829달러의 가격으로 발매되었는데, 5월 말까지 200만 대 이상이 팔릴 정도로 시장의 반응이 뜨거웠다. 아이패드가 앞으로 업계와 일반소비자들에게 어떤 영향을 얼마나 미치게 될는지는 아직 미지수이다. 그러나 과거에 애플이 들어가는 시장마다 그 시장이 떴다는 것을 생각하면, 아이패드는 관련된 세 산업(= 컴퓨터, 텔레콤, 미디어) 모두를 크게 변혁시킬 것으로 예상된다.

이렇게 여러 산업을 동시에 바꾸려는 잡스의 원대한 야심과 앞으로의 전망을 투자자들은 높이 평가하고 있는 듯하다. 2010년 6월 1일 현재 약 2,370억 달러에 달한 이 회사의 시가총액이 이미 그 지난 주 수요일(5월 26일)에 드디어 마이크로소프트를 추월했다는 사실은 이러한 시장의 높은 신뢰를 잘 반영하고 있다. 이 회사가 10여 년 전에 거의 파산 직전까지 갔던 것을 생각하면, 이것은 참으로 놀라운 변화이다. 이러한 극적인 전환이 어떻게 이루어졌으며, 또 우리가 애플에게서 배워야 하는 교훈은 무엇인가?

먼저 언급해야 할 것은 애플이 획기적인 기술로 세상을 놀라게 한 것은 이번이 처음이 아니라 네 번째라는 사실이다. 첫 번째는 1984년에 나온 마우스를 쓰는 매킨토시(Macintosh)였고, 두 번째는 2001년에 나와 디지털음악의 시대를 연 아이팟(iPod)이었으며, 세 번째는 2007년 6월 29일에 나온 스마트폰(= PC기능을 갖춘 휴대전화) 아이폰(iPhone)이었다.

"다르게 생각하라(Think Different)"라는 인상적인 광고문구와 당시로서는 아주 독특하고 편리했던 마우스 덕분에 매킨토시는 매우 큰 성공을 거둔다. 그러나 그 직후인 1985년에 잡스는 그가 영입했던 펩시콜라 출신의 존 스컬리(John Sculley)에 의해 회사에서 쫓겨나는 크나큰 수모를 당한다. 그러나 이 견디기 힘든 시련은 잡스를 한층 더 성숙하고 창의적인 사업가로 만들었다. 애플에서 나와 있는 동안 잡스는 넥스트(Next)라는 컴퓨터회사를 창업했고, 1986년에는 픽사(Pixar)라는 애니메이션 영화스튜디오를 인수하여 경영한다. 픽사는 월트디즈니(Walt Disney)와 전략적 제휴를 맺으면서 1995년부터 비약적으로 발전한다.

그러는 동안 애플은 쇠퇴에 쇠퇴를 거듭하고 있었다. 위기를 타개하기 위해 1996년 당시 애플의 회장이었던 길 아멜리오(Gil Amelio)는 넥스트의 운영체제(operating system)를 사기로 결정함으로써 잡스를 회사에 다시 불러들인다. 그리고 애플의 이사회는 이듬해인 1997년에 잡스를 회장으로 추대한다. 이렇게 하여 잡스는 12년 만에 다시 자신이 20여 년 전에 창업한 회사의 수장이 된 것이다.

그 후 그는 마이크로소프트, 인텔 등 과거의 적과의 과감한 협조, 아이팟과 그것의 자매 소프트웨어 아이튠즈(iTunes)에서 볼 수 있는 바와 같은 하드웨어와 소프트웨어의 더 밀접한 통합, 그리고 단순함 및 사용의 편리성의 철저한 추구 등의 내용으로 이루어진 자신만의 독특한 경영모델을 바탕으로 번영을 일구어내었다.

아이폰은 손가락으로 단추를 누름으로써 각종 기능을 이용할 수 있게 하는 멀티터치(multi-touch)라는 새로운 기술에 바탕을 두고 있다. 그런데 아이폰이 갖는 진정한 의미는 이것이 애플을 컴퓨터회사에서 소비자들을 위한 전자회사로 바꾸려는 잡스의 줄기찬 노력의 결정체라는 사실이다. 이러한 잡스의 의지에 소비자들은 높은 시장 점유율이라는 형태로 화답하고 있다. 즉, 아이폰은 시장에 나온 지 2년이 조금 더 지난 2009년 하반기부터는 세계 스마트폰시장에서 벌써 약 17퍼센트 이상의 점유율을 차지하고 있다.

이러한 잡스와 애플의 이야기가 우리에게 주는 시사점은 크게 다음의 네 가지다.

첫째, 혁신은 회사의 안에서도 바깥에서도 올 수 있다. 애플의 진정한 강점은 회사 안팎의 아이디어와 기술을 잘 엮은 다음, 그 결과를 훌륭한 소프트웨어와 멋진 디자인으로 마무리하는 솜씨이다.

둘째, 기술의 요청이 아닌 쓰는 사람의 필요를 중심으로 신제품을 개발해야 한다는 것이다. 애플은 일관되게 정교한 기술을 사용의 편리성과 단순함으로 이어지도록 하는 정책을 써왔다. 이 회사는 정말로 "쓰기 쉽게 만드는 것"을 수단이 아닌 목적으로 보는 아주 드문 하이테크회사의 하나다.

셋째, 똑똑한 회사라면 가끔 고객들이 원한다고 말하는 것을 무시해야 한다는 것이다. 아이팟이 2001년에 처음 나왔을 때 사람들은 그것을 비웃었지만 잡스는 이것이 성공할 것이라는 자신의 신념을 굽히지 않았다.

끝으로, 실패는 성공의 어머니가 될 수 있다는 점이다. 매킨토시는 리자(Lisa)라고 하는 모델이 실패한 다음에 탄생했으며, 아이팟도 애플이 모토로라와 처음에 함께 만들었던 원래의 뮤직폰이 실패하고 나서 나온 것이다. 이 두 경우에 모두 애플은 스스로의 잘못으로부터 중요한 교훈을 배웠고, 다시 도전했다. 이와 같이 애플에는 실패를 너그럽게 받아들이고 그것으로부터 배우는 기업문화가 있다.

기업경영에는 왕도가 없고, 정답도 없다. 그래서 다른 회사가 애플을 고스란히 흉내 낸다고 해서 잘된다는 보장은 없다. 또한 애플이 앞으로도 계속 번창할 것이라고 단정할 수도 없다. 그러나 적어도 현 시점에서는 애플보다 더 혁신적인 대기업을 찾아보기 힘든 것도 사실이므로 우리는 애플의 경영방식에 주목할 필요가 있는 것이다.

프록터앤드갬블의
커다란 도박

2005년 1월, 170년의 역사를 자랑하는 세계 최대의 소비재회사 프록터앤드갬블(Procter & Gamble, 이하 P&G)은 면도기, 면도용 거품(shaving foam), 칫솔 등을 생산하는 또 하나의 거대한 소비재회사 질레트를 무려 570억 불에 인수한다고 발표하여 세계를 깜짝 놀라게 한다. 당시 워렌 버핏(Warren E. Buffett)을 비롯한 투자가들은 이 계약의 성사로 세계에서 가장 위대한 소비재회사가 탄생할 것이라고 하며 흥분하였다.

3년 가까이 지난 2007년 가을 현재 이 회사는 약 770억 불의 매출에 100억 불 남짓한 이익을 올리고 있어 질레트의 인수는 어느 정도 성공한 것으로 보인다. 그러면 인수·합병의 80퍼센트가 실패한다는 것을 누구보다도 잘 아는 P&G의 알란 래플리(Alan Lafley) 회장은 왜 애초에 이렇게 큰 도박을 하였으며, 또 현재까지 그것이 성과를 거두고 있는 까닭은 무엇인가? 그리고 앞으로의 전망은 어떠한가?

P&G에서 미용제품 전문가로 성장하여 2000년 6월 회장의 자리에 오른 래플리가 무엇보다 절실히 필요로 한 것은 회사의 성장을 위한 명확한 전략이었다. P&G가 속해 있는 소비재산업이 부딪히고 있는 문제는 크게 세 가지인데, 그것은 성장의 둔화, 원가의 상승, 그리고 줄어드는 가격책정권한 등이다.

보스톤컨설팅그룹(Boston Consulting Group)에 따르면, 최근 5년 동안의 미국의 대형 소비재회사의 연평균 판매성장률은 4.7퍼센트인데 반하여, 이들 회사의 판매경비와 일반경비는 매년 5퍼센트씩 늘어나고 있다고 한다. 또한 제품을 만드는 데 쓰이는 식품·포장·에너지·화학제품 등의 값은 최근에 많이 올랐지만 소비재회사들은 이러한 원가상승을 최종제품가격에 반영할 수 없다. 그것은 월마트를 비롯한 대형유통업체들의 힘이 워낙 세졌고, 그로 말미암아 제조업체들이 스스로 값을 매길 수 있는 권한을 많이 잃었기 때문이다. 게다가 대형소매상들은 비교적 값이 싼 이른바 자체상표(private label)를 적극적으로 개발하여 P&G나 유니레버(Unilever) 같은 제조업체들의 비싸고 마진이 높은 제품들과 경쟁하도록 하고 있다. 뿐만 아니라 소매상들은 막강한 구매력을 바탕으로 제조회사들로 하여금 더 많은 점포지원비용(trade spending)을 쓰게 하고 있다. 현재 미국

소비재회사들의 매출의 약 17퍼센트가 소매점포 지원비용으로 쓰이고 있다고 한다.

이러한 상황 아래서 P&G가 성장하는 길은 브랜드의 힘을 키우는데 더 힘을 기울이는 것이라고 래플리 회장은 결론을 내린다. 왜냐하면 초대형 브랜드(superbrand)는 세계 어느 곳에서나 잘 팔릴 것이므로. 그리하여 그는 Jif(땅콩버터), Oxydol(세척제) 등의 성장전망이 밝지 않은 상표들을 과감히 정리하고, 2001년 머리염색약 회사 클레롤(Clairol)을 50억 불에 인수했으며, 2003년에는 독일의 미용제품회사 벨라(Wella)를 69억 불에 사들였다. 이러한 일련의 작업이 소수의 초대형 브랜드를 확보하고 키우려는 것임은 말할 것도 없다. 이렇게 회사의 자원을 소수의 초대형 브랜드에 집중하려는 전략의 하이라이트가 바로 비슷한 전략을 추구해온 질레트의 인수인 것이다. P&G가 이 회사를 사들일 당시 질레트에는 연간 매출이 10억 불이 넘는 초대형 브랜드가 다섯 개나 있었다고 한다.

그러면 이 거대한 두 회사의 결합이 적어도 지금까지는 성공적인 것으로 보이는 까닭은 무엇인가? 래플리 회장 자신은 이에 관해 다음의 다섯 가지를 들고 있다.

첫째, 인수·합병이 실패하는 가장 큰 이유는 두 회사의 전략이 보완적이지 않거나 전혀 다르기 때문이다. 그러나 P&G나 질레트는 상표와 시장, 그리고 경쟁우위 등의 면에서 서로 보완적이기도 하고 또 매우 비슷하기도 하다. 우선 두 회사가 모두 뛰어난 연구개발능력을 가지고 있으며, P&G는 여성용 제품을, 그리고 질레트는 남성용 제품을 주로 팔고 있다. 또한 중국에서 엄청난 성공을 거두고 있는 P&G는 스스로가 힘들여 구축해놓은 중국시장유통망을 이 나라에 비교적 덜 알려진 질레트의 브랜드들에게 제공해주고 있다.

둘째, 기업문화의 문제다. P&G는 합의에 의한 의사결정을 중시하는 반면에, 질레트는 상의하달의 경향이 강했었다. 래플리는 양쪽 문화의 좋은 점을 살리기 위한 특별팀을 구성하는 등 문화의 합병을 위해 많은 노력을 기울였다. 그 결과 P&G가 회사에 계속 남아달라고 부탁한 질레트 직원들의 95퍼센트가 그 요청을 받아들였다고 한다.

세 번째 이유는 최고경영자다. 질레트의 회장 제임스 킬츠(James Kilts)는 합병 후에 두 회사의 통합을 돕기 위해 1년이나 새 회사의 부회장으로 머물렀다. 그는 래플리와 좋은 관계를 유지하면서 과도기의 P&G를 함께 잘 이끌어갔다.

넷째, 두 회사가 합쳐진 다음에 기대했던 만큼 원가절감이 이루어지지 않는 경우가 많다. 그러나 P&G와 질레트는 하나가 됨으로써 세 번째 회계연도가 끝나는 2008년 6월경에는 생산·마케팅·유통 등의 분야에서 약 12억 불에 해당하는 효율의 상승이 있을 것이라고 장담하고 있다.

끝으로, 비록 합병할 당시에 P&G가 내걸었던 판매목표를 새 회사가 아직 달성하지는 못했지만, 설정된 판매목표를 향해 꾸준히 나아가고 있다고 한다.

　　그러면 합병을 통한 덩치 키우기 및 초대형 브랜드의 확보를 주축으로 하는 래플리의 전략은 앞으로 과연 성공할 것인가? 그 대답은 빠르게 성장하고 있는 해외시장에서의 매출을 P&G가 얼마나 더 빨리 늘리느냐에 달려 있는 것으로 보인다.

　　P&G는 현재 중국, 인도, 러시아, 멕시코, 동유럽 등의 신규성장시장(emerging markets)에서 총매출의 약 4분의 1을 올리고 있다. 그러나 경쟁사인 유니레버는 그 비중이 50퍼센트에 가깝다. P&G는 2010년까지 신규성장시장의 판매비중을 전체매출의 30퍼센트로 끌어올리는 목표를 가지고 있으며, 그것의 달성을 위해 각국 소비자들의 취향에 제품 및 마케팅을 세심하게 맞추고 있다. 이 회사는 또한 남성용 제품에 강한 질레트의 노하우를 활용하여 앞으로 전 세계 남성들을 매우 적극적으로 공략할 것으로 보인다.

기타